cocina mejor día a día

Pescado

HARRIS COUNTY PUBLIC LIBRARY

W9-DAJ-696

Cocina mejor día a día
Pescado

© de esta edición: 2011, RBA Libros, S.A.
Diagonal 189, 08018 Barcelona
www.rbalibros.com / rba-libros@rba.es

Producción editorial: Bonalletra Alcompas, S.L.
Diseño y maquetación: Júlia Font i Cèl·lula
para Bonalletra Alcompas, S.L.
Fotografías: Becky Lawton (imagen central
de la portada y todas las recetas);
Dreamstime (ingredientes y accesorios).
Textos y recetas: Iker Erauzkin
Ilustraciones: Mercè Iglesias

Ref.: RPRA024
ISBN: 978-84-929-8158-8
Depósito legal: B-19463-2011
Impreso por T.G. Soler

Cocina mejor día a día

Pescado

Las mejores recetas para triunfar
en cualquier ocasión

RBA

Sumario

¡Hola! Vamos a empezar con las salsas para el pescado, un recurso muy útil para la cocina de aprovechamiento, como bien saben los pescadores.

Lo primero que tenemos que hacer es preparar un caldo o fumet de pescado con las cabezas y espinas que tengamos a mano.

También podemos dorar las espinas y cabezas en un buen sofrito y añadir luego el agua de cocción.

Una vez tengamos el caldo, lo colamos, y ya tenemos la base para preparar todo tipo de salsas.

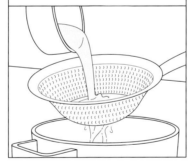

Un ingrediente clásico para las salsas de pescado es el ajo. Se usa para hacer salsas verdes o para el clásico alioli, típico acompañamiento marinero.

A veces, basta con freír unos dientes de ajo en un buen chorro de aceite de oliva y cubrir el pescado con él.

¡Sin olvidarnos del clásico pilpil!

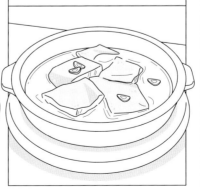

Besugo, lenguado, merluza... El pescado blanco es un gran amigo de las salsas. ¡Vamos a verlo!

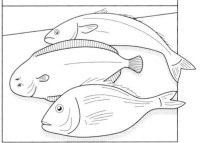

Con un fondo de pescado

El ingrediente

Los ingredientes empleados en la elaboración de fondos de pescado son las espinas y la cabeza del pescado que vayamos a degustar. Una vez tengamos limpios los lomos los podemos reservar, y emplear el resto de la pieza para elaborar fondos que potencien el sabor de nuestra preparación.

La técnica

Para utilizar dichos despojos, debes descartar las tripas y las vísceras y cocer las espinas y la cabeza en agua con las verduras de tu agrado. Otra opción consiste en rehogar dichas espinas en un sofrito, con ello sustraemos el sabor del pescado. Luego, basta con cubrirlo con agua o caldo. Deja que los ingredientes se cuezan y obtendrás, tras colar el caldo, un jugo de intenso sabor que podrás emplear en la elaboración de infinidad de salsas y preparaciones a base de pescado.

Plato a plato

Nivel 1 Merluza en salsa verde. Estrénate con un clásico del pescado con salsa, descubrirás que su merecida fama no va pareja con la dificultad de su elaboración.

Nivel 2 Cabracho en su salsa con papada confitada. Una interesante mezcla de pescado y cerdo, aderezada con una salsa con la que te chuparás los dedos.

Nivel 3 Rape con gambas y crema de marisco. Para acabar, trabaja con dos marqueses del mar, el infalible rape y las siempre sabrosas gambas rojas.

1 Merluza en salsa verde

- 4 lomos de merluza
limpios de 200 g cada uno
- 2 dientes de ajo
- 2 cucharadas de perejil
fresco picado
- Harina
- Aceite de oliva
- Sal

PARA EL FUMET
DE PESCADO BLANCO
- Espinas de merluza o rape
- 1 cebolla
- 1 puerro
- 1 manojo de perejil
- ½ cabeza de ajo

- 5 min
- 15 min
- 4 €/persona
- Sin contraindicaciones.

- Para preparar el fumet de pescado blanco, cuece en abundante agua hirviendo las espinas con el resto de los ingredientes. Déjalo hervir durante 15 minutos, retíralo del fuego, cuélalo y resérvalo. Sofríe los dientes de ajo, finamente picados, en una sartén con un chorrito de aceite de oliva.
- Antes de que se doren agrega los lomos de merluza previamente pasados por harina. Añade una cucharada de perejil y déjalo otros 2 o 3 minutos.
- Transcurrido este tiempo, da la vuelta a la merluza y déjala otros 2 minutos al fuego.
- Agrega entonces 250 ml de fumet y déjalo cocer a fuego lento durante 5-6 minutos, hasta que la merluza se cueza por completo. Corrige el punto de sal y agrega la otra cucharada de perejil. Sírvelo de inmediato.

Trucos
☞ Para obtener un fumet bien limpio y traslúcido, retira la espuma que se formará en la superficie durante los 5 primeros minutos de cocción.

Nivel **2** Cabracho en su salsa con papada confitada

- 2 cabrachos de 600 g cada uno
- 200 g de habas
- 1 papada de cerdo
- 1 manojo de ajos tiernos
- 1 cebolla
- 1 puerro
- 1 hoja de laurel
- 3 dientes de ajo
- 2 tomates
- 1 chorrito de coñac
- Pimienta en grano
- Aceite de oliva
- Sal

🍲 2 h 30 min
🍽 15 min
🐷 10 €/persona
✋ Sin contraindicaciones.

- Limpia los cabrachos y reserva los 4 lomos por una parte y la cabeza y las espinas por otra.
- Rehoga en una olla la cebolla, el puerro y el ajo. Una vez la verdura se ablande, añade el tomate y las cabezas y las espinas del pescado. Mézclalo todo bien.
- A continuación añade el coñac y flambea hasta que el alcohol se queme por completo. Entonces cubre la preparación con agua y déjala cocer durante media hora. Deberás obtener un caldo liso y homogéneo. Cuela el caldo y resérvalo.
- Dispón una olla con abundante agua, añade el laurel, sal y pimienta en grano, y cuece en esta preparación la papada de cerdo. Déjala un par de horas a fuego lento, hasta que esté tierna. Retírala entonces del agua y deja que se enfríe en la nevera.
- Una vez fría, retírale la piel y córtala en 4 partes. Fríelos en una sartén con un chorrito de aceite y una pizca de sal hasta que se vea dorada y crujiente.
- En la misma sartén, y aprovechando parte de la grasa desprendida por la papada, fríe los lomos de cabracho hasta que estén bien cocidos. Resérvalos.
- Por último, dispón una sartén con un chorrito de aceite de oliva, y saltea los ajos tiernos cortados en finos medallones junto a las habas. Incorpora los lomos de pescado y cubre con 2 buenas cucharadas de salsa de cabracho. Deja que la salsa reduzca y espese ligeramente, a la par que se cuecen las habas.
- Sirve la papada crujiente en un plato con los lomos de cabracho encima. Puedes acompañar la preparación con un poco de salsa de cabracho.

Trucos
☞ Si no tienes papada puedes usar bacon.

Nivel **3** Rape con gambas y crema de marisco

- 1 cola de rape de 1,5 kg
- 16 gambas rojas
- 500 g de mejillones
- 200 ml de nata líquida
- 1 cebolla
- 1 puerro
- 2 dientes de ajo
- 4 cucharadas de tomate frito
- Aceite de oliva
- Sal y pimienta

🫖 20 min
⏲ 10 min
🐷 10 €/persona
✋ Esta receta no es apta para personas con alergia al marisco ni con intolerancia a la lactosa.

- Pela las gambas y reserva por un lado las cabezas, y por otro, la carne.
- Rehoga la cebolla, el ajo y el puerro picados finamente en un cazo con un chorrito de aceite de oliva. Una vez la verdura se ablande, añade las cabezas de las gambas y el tomate frito y mézclalo bien.
- Cúbrelo todo con un vaso generoso de agua y déjalo cocer durante 7-8 minutos, hasta obtener una sopa de gambas. Cuélalo y resérvalo.
- Fríe el rape con un poco de aceite hasta que quede bien dorado y cocido. Añade entonces la carne de las gambas, los mejillones y la sopa de gambas. Deja que los mejillones se abran. Retira la concha de los mismos y agrega la nata líquida. Liga bien la salsa y salpimienta. Ya lo puedes servir.

Trucos

👉 Si quieres prescindir de elementos lácteos puedes servir el rape sin agregar la nata líquida.

Con ajo

El ingrediente

El ajo está muy presente en
los sofritos y salsas
que empleamos
para condi-
mentar los platos
de pescado. Con él
podemos preparar
salsa verde, pilpil, etc.
Rehogado con aceite de
oliva y con un chorrito de
limón y una pizca de perejil también es un buen aderezo
para el pescado. Y, cómo no, es el ingrediente principal del
alioli, tan empleado para acompañar pescados de todo tipo.

La técnica

La forma más sencilla de preparar el ajo para acompañar el
pescado es frito. Para ello, basta con picar finamente los
dientes de ajo y rehogarlos en un buen chorro de aceite de
oliva. Una vez empiecen a dorarse, agrega un chorrito de
limón exprimido a la sartén (con cuidado, ya que el aceite
podría "saltar" y quemarte). Justo antes de servir sobre el
pescado, agrega una
pizca de perejil picado, y
ya lo tienes. Esta fritada
de ajo es ideal para
acompañar pescados a la
plancha.

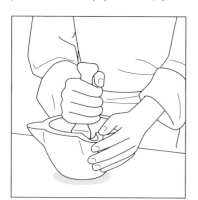

Plato a plato

Nivel **1** **Bacalao al pilpil.**
Con solamente cuatro
ingredientes puedes
preparar una receta
con tanta tradición
como fama. El
secreto está en la salsa.

Nivel **2** **Besugo a la
espalda con rúcula y
tomate confitado.** Una
presentación repleta de
color esconde unos sabores
que harán las delicias de tus
comensales.

Nivel **3** **Lenguado
menieur con ajo tierno,
gambas y citronela.** Una
presentación muy sofis-
ticada del clásico lenguado
menieur. Parece complicado
pero es de una sencillez
abrumante.

Nivel **1** Bacalao
al pilpil

- 4 lomos de bacalao de 200 g cada uno
- 2 dientes de ajo
- 1 manojo de perejil
- Aceite de oliva

- 10 min
- 5 min
- 4 €/persona
- Sin contraindicaciones.

- Dispón un buen chorro de aceite de oliva en una sartén y deja que el perejil lo aromatice.
- Retira el perejil y confita el bacalao en ese aceite con los dientes de ajo enteros.
- Deja que se cueza durante 4-5 minutos y apaga el fuego. No retires el bacalao de la sartén, si lo dejas reposar unos 5 minutos la gelatina del pescado se desprenderá sobre el aceite.
- A continuación reserva el rape en un plato y, con ayuda de un colador pequeño, realiza pequeños movimientos ciruculares sobre el aceite para ligarlo con la gelatina. Debes obtener una salsa lisa y homogénea, que no tenga el aspecto de estar cortada.
- Sirve el bacalao con la salsa, que deberá estar bien ligada.

Trucos

☞ Tradicionalmente la salsa pilpil se liga moviendo la cazuela donde se ha confitado el bacalao hasta que la gelatina se emulsiona con el aceite.

☞ Si el pilpil resulta muy espeso, puedes rebajarlo con un par de cucharadas de fumet o de agua mineral. Si, por el contrario, ha quedado muy ligero, agrega más aceite mientras ligas la salsa con el pilpil como si fuese una mayonesa.

Nivel **2** Besugo a la espalda
con rúcula y tomate confitado

- 2 besugos de 600 g cada uno
- 200 g de rúcula
- 100 g de tomate deshidratado
- 3 dientes de ajo
- 1 guindilla
- 1 rama de romero
- 1 rama de tomillo
- 1 rama de perejil
- 1 cucharada de zumo de limón
- Aceite de oliva
- Sal y pimienta

- 10 min
- 5 min
- 10 €/persona
- Sin contraindicaciones.

- Hidrata ligeramente el tomate en un cazo con aceite tibio. Reserva.
- Fríe los lomos de besugo en una sartén con una pizca de sal y un chorrito de aceite de oliva, hasta que estén bien dorados y cocidos.
- Mientras tanto sofríe el ajo laminado con la guindilla en una sartén con aceite. Cuando el ajo empiece a dorarse agrega el zumo de limón y las hierbas aromáticas picadas finamente.
- En un plato de presentación, sirve un *bouquet* de rúcula, dispón encima el pescado y acompáñalo con el sofrito y el tomate. Salpimienta y sirve de inmediato.

Trucos

☛ Puedes cocinar el besugo al horno y regarlo luego con el sofrito.

☛ Si lo prefieres, puedes reemplazar el ajo seco por ajos tiernos.

☛ Sirve también este plato con tomate asado al horno.

Nivel **3** Lenguado *menieur* con ajo tierno, gambas y citronela

- 4 lenguados
- 16 gambas rojas
- 250 ml de nata líquida
- 4 ramas de citronela
- 2-3 hojas de lima
- 1 manojo de ajos tiernos
- Mantequilla
- Aceite de oliva
- Sal y pimienta

🍲 10 min
🍳 10 min
🐷 10 €/persona
✋ No apto para personas con intolerancia a la lactosa ni al marisco.

■ Pide al pescadero que limpie los lenguados y prepare los lomos. Abre las ramas de citronela a lo largo y córtalas en 4 trozos. Enrolla los lomos de lenguado en los cuartos de rama de citronela (puedes sujetarlos con un palillo). Pela las gambas y reserva la carne y las cabezas.

■ Derrite una nuez de mantequilla en una sartén y rehoga los ajos tiernos cortados en medallones, los lomos de lenguado y las gambas con sus cabezas. Presiona estas para extraer su jugo y agrega las hojas de lima.

■ Vierte a continuación la nata líquida y liga la salsa. Salpimienta y deja cocer otros 4 o 5 minutos.

■ Cuela la salsa para retirar las hojas de lima y las cabezas de gamba. Si quieres una presentación original, puedes servir el lenguado sobre una hoja de plátano.

Trucos
☞ Si no encuentras hojas de lima prescinde de ellas. Del mismo modo, si tienes problemas con las ramas de citronela, enrolla los lomos de lenguado en las gambas.

En ensalada

Nivel **2** Ensalada de dorada en cebiche con chiles

- 2 doradas de 500 g cada una
- 2 naranjas
- 4 limas
- 1 limón
- 4 chiles dulces
- 2 tomates
- 2 aguacates
- 1 manojo de cilantro
- Aceite de oliva
- Sal y pimienta

- 0 min
- 1 h
- 5 €/persona
- Sin contraindicaciones.

■ Limpia el pescado de piel, tripa y espinas. Los lomos de la dorada deben estar bien limpios. Si no sabes cómo hacerlo, pídeselo al pescadero cuando lo compres.

■ Deposita el pescado en un recipiente y cúbrelo con el zumo de las limas y el limón, los chiles y el cilantro, ambos bien picados. Déjalo reposar durante una hora aproximadamente.

■ Transcurrido este tiempo, retira la dorada del macerado y rocíala con un chorrito de aceite de oliva. Resérvala.

■ Corta los tomates en cuartos y retírales la piel y las semillas. Disponlo en los platos junto al aguacate laminado, la naranja pelada y cortada en finas rodajas y, por último, la dorada. Decóralo con gajos de lima, salpimienta, y sírvelo.

Trucos

☛ Puedes añadir gambas, mejillones, berberechos, etc.

☛ Si no encuentras doradas puedes preparar esta ensalada con otros pescados blancos como lubina o rape.

☛ Para obtener un cebiche con un sabor más suave, utiliza naranja exprimida para macerar los lomos de dorada.

➜

Nivel **2** Ensalada
de dorada en cebiche
con chiles

→ ☞ Si no tienes frutas
cítricas puedes usar vinagre
de Jerez o sidra.
☞ Lo ideal sería utilizar
limones peruanos, más
pequeños y de sabor suave.
También resultan menos
ácidos.
☞ Ten cuidado con el chile
para que la preparación no
sea demasiado picante.

Nivel **3** Ensalada de rape con crujiente de olivas, tomate y miel

- 1 cola de rape de 1 kg
- 100 g de olivas negras de Aragón (deshuesadas)
- 2 hojas de pasta filo
- 2 cucharadas de miel
- 4 tomates en aceite
- 1 cucharada de reducción de vinagre balsámico
- Aceite de oliva
- Sal
- Pimienta negra en grano

- 10 min
- 10 min
- 6 €/persona
- Sin contraindicaciones.

- Limpia el rape de espinas y trocéalo. A continuación cuécelo en agua hirviendo con una pizca de sal y unas bolitas de pimienta negra. Una vez cocido, retíralo del fuego, cuélalo y deposítalo en abundante agua con hielo. Reserva.

- Con ayuda de la batidora, tritura la mitad de las olivas con una cucharada de miel. Debes obtener una masa lisa y homogénea, una olivada. Reserva.

- Estira una hoja de pasta filo sobre la mesa de trabajo y píntala con la olivada. A continuación corta bandas de 2-3 cm y dóblalas sobre sí mismas. Repite la operación con la otra hoja. Hornea las bandas durante 4 minutos a 190 ºC, hasta que queden doradas y crujientes.

- Prepara una vinagreta mezclando la reducción de vinagre balsámico con aceite de oliva y el resto de la miel.

- Dispón los tomates sobre los platos de presentación. Dispón encima el rape y el resto de olivas. Acompáñalo con el crujiente de olivas y la vinagreta.

Trucos

☞ Puedes preparar otras variedades de crujientes con la pasta filo. Por ejemplo, pinta la pasta con mantequilla derretida y espolvoréala con semillas de sésamo o amapola.

Con lechuga

El ingrediente

A la hora de elegir la hortaliza con la que prepararemos nuestras ensaladas "marineras" debemos tener en cuenta el pescado que las va a acompañar. Así por ejemplo, si vamos a disponer encima pescados calientes o tibios debemos optar por hojas resistentes, como la escarola, mientras que si trabajamos con pescado ahumado, de sabor fuerte, lo mejor es disponer de hojas de sabor suave, que no tengan ese punto amargo. Finalmente, los brotes más tiernos son deliciosos para acompañar pescados marinados.

La técnica

Es básico limpiar bien la lechuga para la ensalada. Para ello, recupera las hojas más tiernas y descarta los tallos y las hojas más amarillentas o mustias. A continuación sumérgelas en abundante agua con hielo durante unos minutos. Con ello, además de lavarlas, harás que adquieran fuerza y vigor. Finalmente, seca bien las hojas antes de emplearlas, así evitarás que se oxiden. Para ello puedes ayudarte de una centrifugadora de lechuga.

Plato a plato

Nivel **1 Ensalada de rape con langostinos.** Una sencilla preparación donde el rape se sirve acompañado de hortalizas y un poco de marisco.

Nivel **2 Ensalada de rodaballo con alcachofas y jamón.** El rodaballo casa a la perfección con el sabor ligeramente áspero de la alcachofa y la untuosidad del jamón serrano.

Nivel **3 Coca de lenguado al vapor con ensalada y mejillones.** Atrévete con una deliciosa coca que sorprenderá a tus comensales por su vistosa apariencia.

Nivel **1** Ensalada de rape con langostinos

- 1 cola de rape de 1 kg
- 16 langostinos
- 200 g de mezclum
- 1 limón
- 1 bandeja de tomates cherry
- 1 cebolleta tierna
- Aceite de oliva
- Sal y pimienta

🍲 4 min
🍲 30 min
🐷 10 €/persona
✋ No indicada para personas alérgicas al marisco.

- Limpia bien el rape, eliminado la piel y la espina central. Córtalo en cuadraditos de 1 cm aproximadamente. Pela y reserva los langostinos.
- Prepara un cazo con agua hirviendo y una pizca de sal y cuece el rape y los langostinos durante 3-4 minutos, hasta que estén bien cocidos. Transcurrido este tiempo, disponlo todo en abundante agua con hielo.
- Escurre bien el pescado y mézclalo en un recipiente con el mezclum, la cebolleta cortada en una juliana muy fina, los tomates y salpimienta.
- Justo en el momento de servir rocíalo con un buen chorro de aceite de oliva y el zumo del limón. Mezcla bien y llévalo a la mesa.

Trucos

☞ Si quieres un rape más sabroso puedes aromatizar el agua de cocción con unas bolitas de pimienta y una hoja de laurel, así como con otras hierbas aromáticas.

Nivel **2** Ensalada de rodaballo con alcachofas y jamón

- 1 rodaballo de 600 g
- 200 g de jamón ibérico
- 2 alcachofas
- 1 lechuga romana
- Aceite de oliva
- Vinagre de Jerez
- Sal

- 5 min
- 10 min
- 6 €/persona
- Sin contraindicaciones.

- Limpia las alcachofas y córtalas en cuartos (o en octavos si son muy grandes). Fríelas en abundante aceite de oliva, a fuego medio, hasta que queden bien doradas y crujientes. Déjalas sobre papel de cocina y reserva.
- Limpia el rodaballo y extrae los lomos. Haz trozos pequeños y fríelos en una sartén con un chorrito de aceite de oliva y una pizca de sal. Reserva.
- Para preparar los platos, dispón primero la lechuga bien limpia, a continuación el rodaballo, las alcachofas y unas lonchas de jamón ibérico. Rocíalo con un buen chorro de aceite de oliva y un chorrito de vinagre de Jerez.

Trucos

☞ Enriquece la ensalada con otros ingredientes, ya sean frutas o verduras. Puedes usar tomates cherry o en aceite, un sofrito de ajo tierno, manzana, pera, cebolleta tierna, etc.

Nivel **3** Coca de lenguado al vapor con ensalada y mejillones

- 2 lenguados
- 500 g de mejillones
- 2 hojas de pasta filo
- 4 tomates confitados en aceite
- 1 escarola
- 1 cucharada de miel
- Rúcula
- Mantequilla
- Aceite de oliva
- Vinagre balsámico

🝳 10 min
🝳 10 min
🐷 8 €/persona
✋ No indicada para personas alérgicas al marisco ni a la lactosa.

■ Cuece los lomos de los lenguados al vapor en una olla. Deja que se enfríen y resérvalos.

■ En esa misma olla cuece los mejillones. A continuación, retira las conchas, deja que se enfríe la carne y resérvala.

■ Corta bandas de 4 x 12 cm de pasta filo y píntalas con mantequilla derretida. Hornéalas a 190 °C durante 4 minutos hasta que estén bien doradas y crujientes.

■ Dispón en los platos los tomates confitados, sobre éstos las hojas de pasta filo y encima, el lenguado y los mejillones.

■ Finalmente, prepara unas hojas de rúcula y escarola y rocíalas con un chorrito de aceite de oliva y otro de vinagre balsámico justo antes de servir. Culmina el plato rociando la preparación con una cucharada de miel.

Trucos
☛ Puedes trocear el lenguado y preparar un salpicón con otros mariscos, como gambas, pulpo, etc.

A la plancha

La plancha es un utensilio básico para la cocción del pescado. Con ella, conservamos las propiedades nutritivas del alimento sin añadir prácticamente grasas.

En la cocción a la plancha juega un papel básico el aceite de oliva. Podemos poner un chorrito antes de depositar el pescado, o bien aderezarlo una vez esté ya cocido.

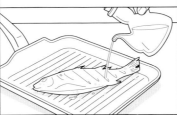

También podemos usarlo para preparar una sensacional fritada de ajo, la base de la merluza a la donostiarra.

El pescado a la plancha no tiene por qué ser aburrido. Verás que puedes preparar suculencias como el bacalao con cebolla confitada...

... o mero con puré de alcachofa.

Otro gran aliado del pescado a la plancha es la sal, en cualquiera de sus versiones: fina, Maldon...

La puedes poner en la plancha para que el pescado no se pegue...

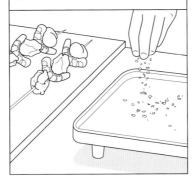

... o bien dar el remate final a una receta tan sofisticada como la dorada a la plancha al humo de regaliz.

Con aceite de oliva

El ingrediente

El aceite de oliva tiene numerosas propiedades beneficiosas para nuestro organismo. Es por ejemplo un eficaz agente contra la arteriosclerosis y la prevención y el tratamiento de la hiperclorhidria y las úlceras del aparato digestivo. Por otra parte, estimula el crecimiento óseo y la mineralización de los huesos y regula el tránsito intestinal y el envejecimiento de los tejidos. También previene los efectos causados por la edad en el comportamiento de varios órganos vitales, incluso las funciones cerebrales. Finalmente, es un excelente regulador del colesterol y solo contiene 960 calorías por cada 100 gramos.

La técnica

Puedes emplear el aceite de oliva para cocinar o directamente en crudo. En el caso del pescado a la plancha, puedes agregar un chorrito a la plancha para cocinar el pescado en cuestión, o rociarlo una vez cocinado. El aceite de oliva virgen también es perfecto para aliñar el pescado cocido al vapor, marinado o al horno.

Plato a plato

Nivel **1** **Merluza a la ondarresa (donostiarra).** Estrénate con una sencilla receta de merluza aderezada con una fritada de ajo y guindilla. Fácil y sano.

Nivel **2** **Bacalao a la plancha con costra crujiente y cebolla confitada.** Mientras el bacalao se cuece lentamente prepara una deliciosa cebolla. Disponlo todo en el plato, y listo.

Nivel **3** **Mero a la plancha con puré de alcachofa y emulsión de cebolleta.** Un pescado de nivel acompañado de sabores de la huerta. Un trío ganador en cualquier mesa.

Nivel **1** Merluza a la ondarresa (donostiarra)

- 1 merluza de 1 kg
- 3 dientes de ajo
- 1 manojo de perejil
- 1 guindilla de cayena
- Zumo de limón
- Aceite de oliva
- Sal

- 🍲 10 min
- 🥘 5 min
- 🐷 4 €/persona
- ✋ Sin contraindicaciones.

■ Limpia la merluza de tripas y escamas y córtala en medallones de al menos 4 cm de grueso. Si no sabes cómo hacerlo, pídeselo al pescadero al hacer la compra.

■ Fríe los medallones en una plancha o una sartén con una pizca de sal y un chorrito de aceite de oliva durante 4-5 minutos por cada lado.

■ Mientras tanto, en otra sartén sofríe con un buen chorro de aceite de oliva el ajo picado finamente junto a la guindilla. Cuando el ajo empiece a dorarse, retíralo del fuego y agrega una cucharadita de zumo de limón y un puñado de perejil picado.

■ Sirve la merluza acompañada del sofrito de ajo.

Trucos

👉 Para comprobar el punto de cocción de la merluza intenta retirar la espina central. Si la puedes extraer sin dificultad, la merluza está bien cocida.

Nivel **2** Bacalao a la plancha con costra crujiente y cebolla confitada

- 4 lomos de bacalao
- 2 cebollas rojas
- 2 cucharadas de azúcar
- 200 ml de vino tinto
- Tomillo
- Aceite de oliva

- 15 min
- 5 min
- 8 €/persona
- Sin contraindicaciones.

- Dispón los lomos de bacalao con la piel hacia arriba en una plancha o una sartén a fuego lento. Deja que se confiten muy lentamente, así la gelatina del bacalao se desprenderá poco a poco sobre la plancha y formará una costra crujiente. Esto puede llevarte unos 8-10 minutos.
- Mientras tanto confita la cebolla cortada en juliana en un cazo a fuego lento con un chorrito de aceite de oliva.
- Cuando la cebolla empiece a dorarse, agrega el azúcar, el tomillo y el vino; deja que este se reduzca a la mitad mientras se carameliza ligeramente.
- Dispón en cada plato una buena cucharada de cebolla, y sobre ésta, el bacalao. Acompáñalo con el jugo de las cebollas y una ramita de tomillo.

Trucos

☛ Puedes espesar la salsa de vino agregando el doble de azúcar.

☛ Aromatiza la salsa con romero o la hierba aromática que prefieras.

Nivel **3** Mero a la plancha con puré de alcachofa y emulsión de cebolleta

■ 4 lomos de mero de 200 g
cada uno
■ 3 alcachofas
■ 4 cebolletas tiernas
■ 100 g de jamón ibérico
(en lonchas finas)
■ 200 ml de leche
■ Rúcula
■ Aceite de oliva
■ Sal

🍲 20 min
🍽 10 min
💰 10 €/persona
✋ Esta receta no es apta
para personas con intole-
rancia a la lactosa.

■ Limpia las alcachofas y cuécelas en agua hirviendo hasta que estén tiernas. A continuación tritúralas en el vaso de la batidora con un buen chorro de aceite de oliva y medio vaso del agua de cocción. Deberás obtener una crema lisa y homogénea, con la consistencia de un puré. Reserva.

■ Corta las cebolletas en juliana y rehógalas a fuego muy lento hasta que empiecen a dorarse. Entonces agrega la leche y déjalo cocer durante otros 5 minutos. Pasado ese tiempo cuélalo para retirar la cebolleta. Emulsiona la leche con la batidora. Reserva la emulsión.

■ Fríe los lomos de mero en una sartén con una pizca de sal y un chorrito de aceite hasta que estén bien dorados y cocidos.

■ En un plato de presentación sirve una cucharada de puré de alcachofa, dispón encima el mero, unas hojas de rúcula y unas lonchas de jamón. Culmina el plato con la emulsión de cebolleta.

Trucos

👉 Reserva las cebolletas cocidas para guarnición del plato.

👉 Para emulsionar bien la leche, inclina ligeramente la batidora, así las aspas podrán capturar el aire e introducirlo en el líquido.

Con sal

El ingrediente

La sal realza el sabor de los alimentos, y no solamente en primeros y segundos platos: también en dulces. Se trata de un producto con una gran importancia en nuestra alimentación, además de potenciar el sabor de los alimentos, extrae los jugos amargos de hortalizas como la berenjena o el calabacín. En el mercado se ofrece gran variedad de sal: común, Maldon, del Himalaya... cada una puede emplearse con un objetivo culinario distinto. No obstante debes tener en cuenta que una de las peculiaridades de este producto es que contribuye a la absorción de líquidos, algo que debes recordar a la hora de usarla en la cocina.

La técnica

A efectos prácticos, espolvorear una plancha o sartén calientes con sal ayudará a que los productos cocinados en ella no se peguen a la superficie. Una técnica muy habitual en el mundo de los pescados son las cocciones a la sal. Mediante esta técnica cubrimos las piezas de pescado con sal gruesa, marina, y las asamos al horno. Se trata de una forma de cocción que nos permite degustar el pescado sin grasas añadidas y con un sabor puro e intenso. La sal, al secarse con el calor del horno, forma una costra bastante sólida que habrá que romper con la ayuda de un cucharón o un elemento contundente, para recuperar el pescado asado en su interior.

Plato a plato

Nivel **1** **Brochetas de rape y langostinos a la plancha.** Empieza con unas coloridas banderillas de mar. Solo tienes que tener en cuenta que las debes cocer justo antes de servir.

Nivel **2** **Lenguado a la plancha con camisa de olivas y ñora.** Una forma sencilla de servir los clásicos lomos de lenguado. No apto para personas a quienes no les guste el sabor de las olivas.

Nivel **3** **Dorada a la plancha al humo de regaliz.** Recuerda sabores de infancia con un sencillo truco con el que darás al pescado nuevos y sorprendentes aromas.

Nivel 1 Brochetas de rape y langostinos a la plancha

- 1 cola de rape de 1 kg
- 16 langostinos
- 1 cebolleta
- 1 pimiento verde
- 1 pimiento rojo
- Aceite de oliva
- Sal y pimienta

- 8 min
- 20 min
- 5 €/persona
- No apta para personas alérgicas al marisco.

- Limpia el rape y córtalo en medallones de unos 2 cm de grosor. Si no sabes cómo hacerlo, pídeselo al pescadero.
- Pela los langostinos y corta las verduras en cuadrados más o menos grandes.
- Monta las brochetas alternando el pescado con las verduras: primero un trozo de rape, uno de cebolleta, un langostino, un cuadrado de pimiento rojo, de nuevo rape... y así sucesivamente hasta obtener brochetas bien completas y copiosas.
- Dispón una sartén al fuego con un chorrito de aceite de oliva y una pizca de sal. Fríe las brochetas dándoles la vuelta cada 2 minutos para que queden doradas por todos los lados y los ingredientes bien cocidos. Salpimienta y sirve.

Trucos

☞ Sirve las brochetas acompañadas de salsa tártara, mayonesa, alioli o la salsa que sea más de tu agrado. Puedes acompañarlas de una guarnición de arroz hervido, setas, etc.

☞ En lugar de las tradicionales brochetas de madera pudes usar ramitas de romero. No solo obtendrás una bonita presentación sino que el pescado quedará también deliciosamente aromatizado.

Nivel **2** Lenguado a la plancha con camisa de olivas y ñora

- 4 lenguados
- 100 g de olivas de Aragón deshuesadas
- 2 cucharadas de miel
- 1 cucharadita de pulpa de ñora o de pimiento choricero
- Aceite de oliva
- Sal

- 2 min
- 5 min
- 8 €/persona
- Sin contraindicaciones.

- Limpia los lenguados y dispón los lomos en un plato. Sálalos y resérvalos.
- Tritura las olivas con la miel y la pulpa de ñora hasta obtener una crema.
- Unta los lomos de lenguado con la crema y deja que reposen una media hora en la nevera para que se impregnen bien con el sabor de las olivas.
- Cuece el lenguado en una plancha durante 1 minuto por cada lado. Sírvelo al instante.

Trucos

👉 Para pelar el lenguado con mayor facilidad y extraer los 4 lomos en un momento, procura una pequeña incisión en el extremo de la cola y sumérgela en agua caliente. A continuación coge la piel con la ayuda de un trapo y tira de ella con decisión hasta que se desprenda de la carne del pescado.

Nivel **2** Lenguado
a la plancha con camisa
de olivas y ñora

→ ☛ Si quieres asegurarte
de no perder la costra en la
plancha, puedes hornear los
lomos de lenguado durante
5 minutos a 190 ºC.
☛ Lo ideal sería preparar
una ensalada con las hojas
más tiernas (las amarillas)
de una escarola francesa, a
la que puedes agregar unos
medallones de ajo tierno
ligeramente salteados, unos
tomates cherry o unos gajos
de tomate pelado. Para
acabar de dar color y sabor,
añade unos gajos o rodajas
de naranja y huevas de
trucha o salmón.

Nivel **3** Dorada a la plancha
al humo de regaliz

- 2 doradas de 600 g
cada una
- 4 bastones de regaliz
(para decorar)
- 4 cogollos
- Infusión de regaliz
- Aceite de oliva
- Sal

- 5 min
- 5 min
- 3€/persona
- Sin contraindicaciones.

- Prepara una infusión de regaliz en unos 200 ml de agua (un vaso, aproximadamente). Deja que infusione durante 5-6 minutos y reserva.
- Limpia las doradas, extrayendo los lomos y las espinas. Si no sabes cómo hacerlo, pídeselo al pescadero.
- Fríelas en una plancha con un chorrito de aceite de oliva y una pizca de sal. Primero por el lado de la piel, durante unos 2 minutos, luego por el otro lado otros 2 minutos, hasta que empiece a dorarse.
- En ese momento vierte poco a poco la infusión de regaliz sobre la plancha. Verás que se forma un vapor que impregnará el pescado.
- Corta los cogollos en juliana y saltéalos con un chorrito de aceite de oliva.
- Sirve en cada plato un nido de cogollo y, encima, la dorada. Puedes decorarlos con bastones de regaliz.

Trucos
☞ Lo ideal seria ahumar el pescado en un ahumador. Si dispones de uno, introduce los lomos de dorada en su interior y deja que se impregnen del aroma del regaliz antes de cocinarlos. De esta forma penetra mejor en la carne del pescado.

Al horno

El pescado al horno es muy saludable, fácil de hacer y ofrece unos resultados espectaculares.
¡Vamos allá!

Una forma clásica de preparar pescado al horno es a la papillote, es decir, envuelto en un papel o un recipiente especial para que se cueza con su propio jugo.

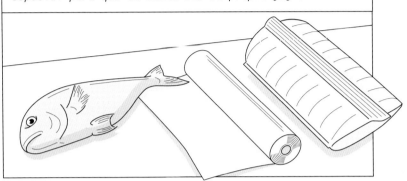

Abre el envoltorio ya en la mesa, justo antes de comer, así te impregnarás de los aromas de la cocción.

Hay pescados que son perfectos para cocer al horno, como el besugo...

... el rape o la merluza.

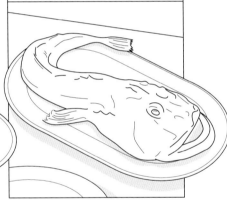

Por supuesto que también te voy a enseñar a preparar sofritos para el pescado al horno.

Prepararemos un delicioso rodaballo con jamón, alcachofas y ajo tierno...

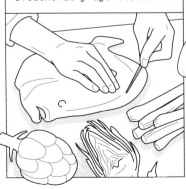

... y usaremos el vino tinto para glasear las cebolletas que acompañarán al mero.

A la papillote

El ingrediente

La cocina en papillote consiste en envolver el alimento en papel para cocerlo al horno con sus propios jugos. La cocción en papillote hace que la pieza se impregne también de los aromas del resto de los ingredientes encerrados en la bolsita, generalmente hortalizas o verduras. Puedes acompañar el pescado de verduras como ajo, cebolla, tomate, puerro o zanahoria, y también con hierbas aromáticas de todo tipo, como tomillo, romero, salvia, eneldo, laurel u otras. Los vapores desprendidos por estos ingredientes durante la cocción se impregnan en el pescado, lo cual tiene como resultado un sutil y delicado sabor.

La técnica

Para hacer un papillote, prepara una lámina de papel de horno, sulfurizado o de aluminio. Dispón en el centro una cama de verduras y hierbas aromáticas y encima los lomos de pescado. Salpimienta y pliega los extremos del papel de horno hasta cerrarlos, doblándolos sobre sí mismos para sellar las bolsas. Y ya puedes empezar la cocción. Si lo deseas, vierte un poco de vino blanco en la bandeja para que el pescado se aromatice con el vapor que este desprenda.

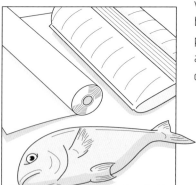

Plato a plato

Nivel **1 Dorada en papillote.** Estrénate en el mundo del papillote con una preparación sencilla, pescado y verduras en estado puro.

Nivel **2 Papillote de lenguado con setas estofadas.** Cambia las clásicas verduras por una selección de setas de temporada. Además de aportar todos los aromas del bosque, constituyen una deliciosa guarnición.

Nivel **3 Papillote de cabracho con aroma de anís y canela.** Atrévete con una sorprendente preparación con aroma a anís y una presentación en plato fuera de lo corriente.

Nivel **1** Dorada en papillote

- 4 doradas de 500 g cada una
- 2 tomates de rama
- 2 dientes de ajo
- 1 cebolla
- 1 ramita de romero
- 1 ramita de tomillo
- 1 puerro
- Vino blanco
- Aceite de oliva
- Sal y pimienta

- 20 min
- 10 min
- 4 €/persona
- Sin contraindicaciones.

- Prepara la dorada dejando cada lomo limpio de piel, escamas y espinas. Si no sabes cómo hacerlo, pídeselo al pescadero.
- Dispón 4 láminas de papel de horno o de aluminio. En la base, prepara una cama con la cebolla, el puerro y el ajo laminados. También puedes poner unas rodajas de tomate encima. Finalmente, dispón 2 lomos de dorada.
- Añade las hierbas aromáticas, riégalo con un chorrito de aceite y salpimienta. Cierra los paquetitos doblando bien los extremos para que queden bien sellados.
- Ponlos en la bandeja de horno y vierte sobre ella un poco de vino blanco. Cuécelo a 180 °C durante 20 minutos. Pasado este tiempo, sírvelo de inmediato.

Trucos

☛ Puedes servir el contenido en un plato o directamente el papillote tal cual sale del horno, con los paquetitos sin abrir.

☛ Enriquece la guarnición con setas, patatas laminadas o la verdura de tu agrado.

2 Papillote de lenguado con setas estofadas

- 4 lenguados
- 500 g de setas de temporada
- 1 cebolleta
- 2 dientes de ajo
- Perejil
- Vino blanco
- Aceite de oliva
- Sal y pimienta

- 15 min
- 5 min
- 8 €/persona
- Sin contraindicaciones.

- Al comprar los lenguados, pídele al pescadero que los limpie y les saque los lomos.
- Pica finamente la cebolleta y el ajo y sofríelos en una sartén con un chorrito de aceite de oliva. Cuando la verdura se ablande, agrega las setas. Cuando empiecen a dorarse, añade un chorrito de vino blanco y una cucharadita de perejil picado y deja al fuego otros 2 o 3 minutos.
- Cuando las setas ya estén estofadas, repártelas en 4 hojas de papel de horno o de aluminio. Dispón encima los lomos de lenguado, salpimienta y cierra las bolsitas sellando bien los extremos.
- Asa los papillotes en el horno, a 180 °C, durante 15 minutos, hasta que el pescado se cueza. Sírvelos de inmediato.

Trucos

☞ Prueba a añadir unas gambas al papillote.

☞ En lugar de rehogarlas, puedes cocer las setas en una papillote aparte. Para ello, lamínalas, disponlas sobre el papel de horno con un chorrito de aceite y otro de vino blanco, y déjalas cocer unos minutos en el horno.

Nivel **3** Papillote de cabracho con aroma de anís y canela

- 8 cabrachos pequeños
- 200 g de brotes de soja
- 4 pak choy
- 4 estrellas de anís
- 2 ramas de canela
- 1 hoja de plátano
- Aceite de oliva
- Sal y pimienta

- 20 min
- 5 min
- 8 €/persona
- Sin contraindicaciones.

■ Corta la hoja de plátano en 4 partes. En el centro de cada una dispón unas hojas de pak choy, unos brotes de soja, los lomos de 2 cabrachos, una estrella de anís, un trocito de canela y un chorrito de aceite de oliva. Salpimienta y cierra las hojas.

■ Introdúcelas en una bandeja de horno con una base de agua y cuézelas a 180 °C durante 20 minutos, hasta que el pescado se haga por completo. Abre entonces las hojas de plátano y sirve al instante.

Trucos

☞ Si no encuentras hojas de plátano, puedes preparar el papillote en papel de horno tradicional. Del mismo modo, si no encuentras pak choy puedes sustituirlo por endibias, coles pequeñas o incluso espárragos trigueros.

Con guarnición

El ingrediente

El pescado es un ingrediente básico de una dieta equilibrada, y como tal, es habitual acompañarlo de verduras de todo tipo, ya sean a la plancha, a la brasa, al horno o al vapor. Junto a estas suele ofrecerse también patata, pues este tubérculo es una excelente guarnición que se puede preparar al horno, gratinada o en panadera. Pero además existe un universo de alimentos que pueden ser una buena compañía para nuestros pescados. Arroz, setas de temporada... todo aquello que nuestra imaginación y nuestras preferencias culinarias nos sugieran.

La técnica

Hay diversas formas de cocción de las guarniciones. Por un lado, puedes cocinar las verduras junto al pescado si lo preparas al horno. Incluso dentro de su misma papillote. Otra opción es prepararlas aparte y añadirlas al plato final. En ese caso las puedes cocinar al vapor o saltearlas en una sartén o un *wok*. Finalmente, si estás preparando un plato de pescado estofado, guisado o en caldereta, debes agregar la guarnición (patata, arroz o verduras) a la cazuela de cocción. De este modo todos los ingredientes se impregnarán del sabor del estofado o el guiso.

Plato a plato

Nivel 1 Besugo al horno. Empieza con una receta clásica de pescado al horno. El besugo es una pieza de carnes generosas con mucho sabor.

Nivel 2 Rape al horno en costra crujiente y su guarnición. Descubre un ingrediente que quizá no conocías: el pan rallado japonés. Formará una costra sorprendente al paladar.

Nivel 3 Merluza al horno rellena de marisco. Un poco más de trabajo tiene como resultado un delicioso pescado con sorpresa en su interior. Elige el marisco que más te guste.

Nivel **1** Besugo al horno

- 1 besugo de 2 kg
- 2 tomates
- 2 patatas medianas
- 1 limón
- 1 cebolla
- 1 vaso de vino blanco
- Aceite de oliva
- Sal y pimienta

- 30 min
- 10 min
- 12 €/persona
- Sin contraindicaciones.

■ Limpia el pescado de tripas y escamas. Si no sabes cómo hacerlo, pídeselo al pescadero.

■ Corta las patatas en láminas finas y disponlas formando una cama sobre la bandeja del horno. Pon encima la cebolla también en rodajas finas y, finalmente, unas rodajas de tomate.

■ Salpimienta el pescado y haz unos pequeños cortes en el lomo. Inserta rodajas de limón en dichos cortes. Rocíalo con un chorrito de aceite y vierte el vino sobre la bandeja de horno. Cocínalo a 180 °C durante 30 minutos aproximadamente, hasta que el besugo esté bien asado.

Trucos

☞ Realiza pequeños cortes en el lomo del besugo para acelerar su cocción.

☞ Para comprobar que el pescado está listo, intenta separar el lomo de la espina con la ayuda de un cuchillo; deberá separarse fácilmente.

Nivel **2** Rape al horno en costra crujiente y su guarnición

- 1 cola de rape de 1 kg
- 250 g de judías blancas cocidas
- 200 g de setas de temporada
- 100 g de tirabeques
- 200 g de *panko* (pan rallado japonés)
- 1 bandeja de tomates cherry
- 3 dientes de ajo
- 1 rama de perejil
- Aceite de oliva
- Sal y pimienta

- 🍲 15 min
- 🍽 10 min
- 🐷 10 €/persona
- ✋ Sin contraindicaciones.

- Separa los dos lomos del rape y córtalos en medallones.
- Úntalos con aceite de oliva y pásalos por el pan rallado japonés (no es necesario pasarlos por huevo antes).
- Cocínalos al horno, a 190 °C hasta que el rape se cueza y quede bien dorado, aproximadamente 10-12 minutos.
- Mientras tanto, rehoga el ajo laminado en una sartén con un chorrito de aceite de oliva. Cuando empiece a dorarse, agrega las setas limpias y troceadas. Deja que se doren y añade las judías cocidas, los tomates, los tirabeques y el perejil picado. Saltéalo bien y reserva.
- Emplata poniendo primero el salteado, dispón encima el pescado y salpimienta. Puedes regarlo también con un chorrito de aceite de oliva.

Trucos

👉 Si no encuentras *panko* puedes rebozar el rape, cortado en finos medallones, en harina de fideos de arroz triturados. Esta harina tiene como resultado una textura extremadamente crujiente.

Nivel **2** Rape al horno
en costra crujiente y su
guarnición

→ Si no encuentras ni el uno
ni el otro, procede de forma
tradicional, utilizando un
pan rallado común para el
rebozado.
☞ Si quieres ganar unos
minutos, fríe el rape en
lugar de asarlo al horno.
Recuerda que en ese caso
debes usar aceite de oliva
bien caliente.
☞ Si no tienes rape o este
te dispara el presupuesto,
utiliza lomos de merluza
limpios, bacalao, o incluso
dorada o lubina. Prueba
también con salmón.

3 Merluza al horno rellena de marisco

- 2 colas de merluza de 1 kg cada una
- 16 gambas o langostinos
- 500 g de mejillones
- 2 cebolletas tiernas
- 2 tomates
- 1 manojo de ajos tiernos
- 1 vaso de vino blanco
- Aceite de oliva
- Sal y pimienta

🫖 30 min

⏲ 15 min

💰 8 €/persona.

✋ Esta receta no es apta para personas alérgicas al marisco.

- Abre los mejillones sumergiéndolos en agua hirviendo. Una vez cocidos, retira la carne y trocéala. Pela las gambas o los langostinos y trocéalos también.
- Corta los ajos en medallones finos, pica las cebolletas y rehógalo en una sartén con un chorrito de aceite de oliva. Cuando se ablande, añade los mejillones.
- Deja que se rehogue bien y agrega las gambas o los langostinos. Mezcla bien y salpimienta.
- A continuación abre la cola de la merluza retirando la espina central y dispón sobre uno de los lomos el sofrito preparado. Cubre con la otra mitad y átalo con hilo de cocina.
- Echa el vino en una bandeja para horno. Corta rodanchas de tomate y ponlas también en la bandeja. Finalmente, coloca el pescado y cuécelo todo, a 180 ºC, durante unos 20-25 minutos (en función del tamaño de la merluza).

Trucos

👉 A este asado le puedes añadir hierbas aromáticas o patatas.

👉 Acompaña este plato de pescado con una mayonesa ligera o un sofrito de ajo y guindilla.

Con sofrito

El ingrediente

La mayoría de los sofritos destinados a guarnecer o enriquecer los platos de pescado se elaboran a base de ajo, ya sea tierno o seco, pues dicho ingrediente potencia el sabor del pescado. Lo más habitual es encontrarse platos de pescado cocinados a la plancha, al horno o a la brasa que incorporan un sofrito de aceite, ajo, guindilla, limón y perejil. No obstante, puedes adaptar el sofrito a la receta que hayas elegido, empleando verduras de todo tipo.

La técnica

Para preparar un sofrito de ajo y guindilla calienta un buen chorro de aceite de oliva en una sartén. Cuando veas que el aceite empieza a estar templado agrega 2 dientes de ajo laminado o picado finamente y una guindilla de cayena. Cuando el ajo empiece a dorarse, retira del fuego y vierte en la sartén una cucharada de zumo de limón (ojo con las salpicaduras). Añade a continuación una cucharada de perejil fresco picado y dispón al instante el sofrito sobre la pieza de pescado que quieres condimentar.

Plato a plato

Nivel 1 Bacalao al horno con almendras. Una preparación sencilla con el toque único de la mayonesa de ajo. Prepárala más o menos fuerte según tus preferencias.

Nivel 2 Rodaballo asado con *brunoise* confitada de jamón, alcachofas y ajos tiernos. Descubre por qué el jamón y las alcachofas son acompañantes habituales del pescado blanco.

Nivel 3 Mero al horno con cebolletas glaseadas al vino tinto. Una propuesta original para cocinar pescado con un poco de caramelo de vino.

Nivel **1** Bacalao al horno con almendras

- 4 lomos de bacalao de 200 g cada uno
- 100 g de almendra laminada
- 1 manojo de ajos tiernos
- 1 manojo de cebollino
- 1 ajo
- 1 huevo
- 1 guindilla
- Limón
- Aceite de oliva

- 5 min
- 5 min
- 10 €/persona
- No apta para personas alérgicas a los frutos secos.

- Prepara una mayonesa de ajo. Para hacerla, tritura con la batidora el huevo con el ajo pelado. A la vez debes verter el aceite de forma paulatina hasta obtener una mayonesa bastante espesa. Una vez lista, añade unas gotas de limón y resérvala.
- Dispón los 4 lomos de bacalao en una bandeja de horno y cúbrelos con la mayonesa. Pon encima las almendras.
- Cuécelo al horno, a 190 °C, durante 4-5 minutos, hasta que las almendras se doren y el bacalao esté bien confitado.
- Sofríe los ajos tiernos en una sartén con un chorrito de aceite de oliva y la guindilla. Cuando el ajo empiece a dorarse, añade una buena cucharada de cebollino. Sirve el sofrito acompañando los lomos de bacalao.

Trucos

☞ Puedes preparar la mayonesa con ajos tiernos. En ese caso debes confitar el ajo en aceite de oliva y dejar que se enfríe antes de usarlo.

Nivel **2** Rodaballo asado con *brunoise* confitada de jamón, alcachofas y ajos tiernos

- 1 rodaballo de 2 kg
- 1 taco de jamón ibérico de unos 200 g
- 2 alcachofas
- 1 manojo de ajos tiernos
- 1 rama de romero
- Aceite de oliva
- Sal

- 15 min
- 10 min
- 10 €/persona
- Sin contraindicaciones.

- Corta el jamón en cuadraditos tan pequeños como te sea posible. Limpia las alcachofas y corta los corazones procurando que todos sean de un tamaño similar. Trocea los ajos tiernos en medallones finos.
- Saltéalo todo en una sartén con un buen chorro de aceite de oliva y el romero. Deja que se confite hasta que empiece a dorarse ligeramente.
- Limpia los lomos del pescado y fríelos a la plancha o en una sartén con un chorrito de aceite de oliva. Deja que se doren por ambos lados.
- Sirve el pescado acompañado del salteado de alcachofa, jamón y ajo.

Trucos
☞ Puedes usar verduras como habitas o guisantes hervidos, ajo seco, etc.

Nivel **3** Mero al horno con cebolletas glaseadas al vino tinto

- 4 lomos de mero
- 4 cabezas de pak choy
- 400 g de cebolletas
- 400 ml de vino tinto
- 1 rama de tomillo
- 1 rama de romero
- 2 cucharadas de azúcar
- Mantequilla
- Aceite de oliva
- Sal y pimienta

🛎 10 min
🫖 20 min
🥄 8 €/persona
✋ Esta receta no es apta para personas con intolerancia a la lactosa.

- Unta los lomos de pescado con aceite y salpiméntalos.
- Disponlos en una bandeja de horno y cuécelos a 190 °C durante 12-15 minutos, hasta que estén bien asados. Retíralos entonces del horno y resérvalos.
- Rehoga las cebolletas en un cazo o una sartén con un chorrito de aceite de oliva. Cuando empiecen a dorarse, agrega una nuez de mantequilla y las hierbas aromáticas. Remueve bien y añade a continuación el azúcar. Deja que las cebolletas caramelicen ligeramente y agrega entonces el vino tinto.
- Deja que el volumen inicial del vino reduzca a la mitad y se forme un caramelo. Ya puedes servir el mero acompañado de pak choy salteado y las cebolletas glaseadas.

Trucos
👉 Puedes combinar este pescado con la guarnición que desees, verduras salteadas, arroz hervido o incluso pasta fresca.

Pescado

azul

Frito

El pescado azul es una fuente de ácidos Omega-3, y por lo tanto es cardiosaludable. Sardinas, salmonetes, anchoas o trucha están a tu disposición a precios muy ajustados.

Al llegar a casa, lo primero que tenemos que hacer es limpiarlo bien bajo el chorro de agua.

Además de usar la clásica harina de trigo, puedes rebozarlos en tempura.

Para freír el pescado azul el aceite tiene que estar bien caliente, y debes sumergirlo íntegramente en él.

Una vez frito deposítalo sobre papel de cocina, así absorberá el exceso de aceite.

Puedes acompañar el pescado azul con verduras, hierbas aromáticas o incluso jamón.

Y no solamente se trata de freír y servir. Puedes preparar presentaciones apetitosas, como la de la lasaña de trucha...

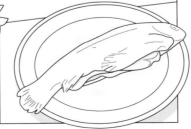

... o una sorprendente lubina en camisa de pasta de arroz.

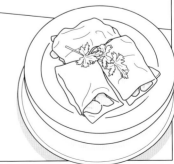

Rebozado

El ingrediente

La harina de trigo, maíz o garbanzos está presente en nuestro recetario tradicional, la hemos incorporado en nuestra cocina cotidiana y es un ingrediente indispensable en el almacén de cualquier tienda de alimentación. Junto a estas, existen nuevas harinas llegadas de destinos lejanos que han ganado protagonismo, especialmente en las recetas de última generación. Son la harina de arroz o la harina de *tempura*, entre otras, y puedes encontrarlas en tiendas especializadas o en establecimientos de alimentación procedente de dichos destinos.

La técnica

Para trabajar con harina de *tempura* debes disolverla primero en agua muy fría, casi escarchada, y preferiblemente con gas. Si sumerges en esta mezcla los ingredientes que quieres freír, obtendrás su rebozado característico en el punto óptimo. En el caso de la harina de arroz recuerda que no es necesario bañar previamente los alimentos en huevo, basta que estén húmedos. Este tipo de harina da lugar a una corteza muy crujiente.

Plato a plato

Nivel **1** **Sardinas fritas.** Si crees que esta receta no tiene truco prueba a hacerla siguiendo nuestros consejos y te sorprenderás.

Nivel **2** **Salmonetes fritos en *tempura*.** Descubre cómo el agua con gas y la *tempura* dan un nuevo sabor a los salmonetes de toda la vida.

Nivel **3** **Tiras de caballa fritas en camisa de pasta de arroz crujiente.** Un apetitoso plato que te invita a probar un rebozado nuevo.

Nivel **1** Sardinas fritas

- 500 g de sardinas pequeñas
- 200 g de harina de trigo
- Aceite de oliva
- Limón
- Sal

- 5 min
- 2 min
- 2 €/persona
- Sin contraindicaciones.

- Si las sardinas son pequeñas basta con quitarles la tripa y la cabeza.
- Una vez limpias, sécalas y pásalas por harina de trigo.
- En una sartén o una freídora pon a calentar abundante aceite de oliva y fríe el pescado.
- Cuando las sardinas empiecen a dorarse retíralas del fuego y deposítalas sobre papel de cocina absorbente para que desprendan el exceso de aceite.
- Sirve con una pizca de sal y limón al gusto.

Trucos

☞ Una vez limpias, deja las sardinas en agua con hielo y sal durante media hora, para que queden duras y muy limpias antes de rebozarlas. Sécalas antes de freír.

2 Salmonetes fritos en *tempura*

- 500 g de salmonetes pequeños
- 200 g de harina de *tempura*
- 500 ml de agua con gas
- Aceite de oliva
- Limón
- Sal

🍲 5 min
🍽 2 min
🐷 4 €/persona
✋ Sin contraindicaciones.

■ Introduce el agua con gas en el congelador durante media hora para que se escarche ligeramente.
■ Limpia los salmonetes: retírales la tripa y lávalos en agua fría.
■ Vierte el agua escarchada sobre la *tempura* batiendo sin parar hasta que obtengas una crema ligera.
■ Baña los salmonetes en esta solución y fríelos en abundante aceite de oliva bien caliente. Añade una pizca de sal y limón y sirve al instante.

Trucos

👉 Si quieres servir este plato como el tradicional pescadito frito del sur de España procura que los salmonetes sean lo más pequeños posible.

👉 Si no tienes harina de *tempura* puedes mezclar a partes iguales harina de trigo y harina de maíz. El resultado no es exactamente el mismo, pero se asemeja bastante.

Nivel **3** Tiras de caballa fritas en camisa de pasta de arroz crujiente

- 4 caballas
- 1 paquete de fideos de arroz
- Aceite de oliva
- Sal

- 5 min
- 15 min
- 4 €/persona
- Sin contraindicaciones.

■ Pide al pescadero que limpie las caballas de piel y espinas y extraiga los lomos. Córtalos a tiras y lávalos con agua fría.
■ Tritura los fideos de arroz con ayuda de una batidora o un robot de cocina hasta obtener una consistencia de polvo o harina.
■ Reboza los lomos, aún húmedos, en el polvo de fideo de arroz y fríelos en abundante aceite de oliva muy caliente.
■ Puedes acompañar este pescado con bastones de verdura rebozados en la misma harina.

Trucos
☞ Cuanto más pequeños sean los fideos más fácil te resultará triturarlos.
Dispón poca cantidad cada vez para que las aspas de la batidora no se enreden con los fideos.

Con guarnición

El ingrediente

Son numerosas las opciones que podemos barajar para acompañar platos de pescado. Frutas, verduras, setas... Los pescados a la plancha agradecen salteados de verduras o setas para ser guarnecidos, mientras que los diversos pimientos que conforman nuestra despensa nacional, ya sean piquillos, Padrón, guindilla, de cayena o Ibarra, son también muy apreciados por el punto picante que otorgan a nuestras preparaciones. El contraste con productos salados como el jamón también es muy interesante, y forma parte de nuestro recetario más tradicional.

La técnica

En el caso de los pimientos, es habitual rellenarlos con farsas elaboradas a base de pescado o marisco: es el caso de los pimientos del piquillo rellenos de bacalao, los pimientos verdes rellenos de txangurro, etc. Basta con formar una farsa o relleno e introducirlo en el pimiento para luego rebozarlo o servirlo en salsa; incluso frío. Y al revés, puedes rellenar el pescado con pimientos simplemente disponiéndolos entre los dos lomos de la pieza y rebozándolos.

Plato a plato

Nivel **1 Anchoas rebozadas con limón.** La receta clásica pero con el toque especial del pimiento de Padrón. Ponlo dentro o fuera.

Nivel **2 Salmón frito crujiente con verduras asadas y hierbas aromáticas.** Sigue con dos buenas ideas para dar un toque nuevo al salmón: un rebozado y un pan rallado un poco especial.

Nivel **3 Lasaña frita de trucha a la navarra con jamón ibérico.** Una receta con sorpresa en el interior. Descubre por qué trucha y jamón casan tan bien.

1 Anchoas rebozadas con limón

- 500 g de anchoas
muy pequeñas
- 500 g de pimientos
de Padrón
- 200 g de harina de trigo
- Limón
- Aceite de oliva
- Sal en escamas

- 5 min
- 2 min
- 2 €/personas
- Sin contraindicaciones.

- Con la ayuda de un cuchillo de cocina saca la tripa, las espinas y la cabeza de las anchoas y lávalas en agua muy fría.
- Haz un pequeño corte en la punta de los pimientos de Padrón para que no exploten en el fuego. Fríelos en una sartén con un buen chorro de aceite de oliva hasta que queden tiernos, aproximadamente 2-3 minutos. Retíralos entonces del aceite y espolvorea con sal en escamas de forma generosa.
- Pasa las anchoas bien limpias y secas por la harina de trigo y fríe en una sartén o en un cazo con abundante aceite de oliva muy caliente.
- Una vez las anchoas empiecen a dorarse, retira sobre papel de cocina absorbente y deja que desprendan el exceso de aceite. Sirve con los pimientos, una pizca de sal y limón al gusto.

Trucos
☞ Puedes disponer un pimiento saltado entre los dos lomos de las anchoas y rebozarlas en harina y huevo antes de freirlas, para obtener así unas anchoas rellenas de pimiento.
☞ Prueba también con pimientos del piquillo.

Nivel **2** Salmón frito crujiente con verduras asadas y hierbas aromáticas

- 4 lomos de salmón limpios
- 200 g de *panko* (pan rallado japonés)
- 200 g de minicalabacines
- 1 manojo de puntas de espárragos trigueros
- 1 bandeja de tomates cherry
- 1 rama de eneldo
- 2 cebolletas tiernas
- Aceite de oliva
- Sal y pimienta

🍲 10 min
🍽 5 min
🐷 4 €/persona
✋ Sin contraindicaciones

- Corta el salmón en lomos finos o medallones. Salpimienta y rebózalo con el pan rallado.
- Fríe en abundante aceite de oliva muy caliente hasta que el pan rallado quede bien crujiente. El salmón debe quedar poco hecho en el interior.
- Corta las verduras por la mitad y ásalas en la parrilla o en la sartén con una pizca de sal y un chorrito de aceite de oliva hasta que las verduras queden doradas y tiernas, salpimienta y reserva.
- Sirve las verduras asadas con el salmón crujiente, un chorrito de aceite de oliva y el eneldo picado.

Trucos

👉 El *panko* no es otra cosa que pan rallado con un poco más de textura, no está tan "molido" como el que estamos acostumbrados a emplear. Si no lo encuentras puedes hacerlo tú mismo o usar pan rallado común.

Nivel **3** Lasaña frita de trucha a la navarra con jamón ibérico

- 4 truchas
- 200 g de jamón
- 200 g de harina
- 4 pimientos del piquillo
- 1 bote de huevas de trucha
- Mezclum
- Miel
- Aceite de oliva
- Sal

- 5 min
- 5 min
- 4 €/persona
- Sin contraindicaciones.

■ Pide al pescadero que te limpie las truchas y elimine las espinas, te quedarán dos lomos por pescado.

■ Córtalos por la mitad y, en el centro de cada una, dispón una buena loncha de jamón. Cubre con la otra mitad a modo de sándwich y pásalos por harina.

■ Fríe la trucha en una sartén con abundante aceite de oliva muy caliente hasta que esté bien dorada y cocida en su interior. Retírala y deja reposar sobre papel de cocina absorbente.

■ Sirve las truchas con medio pimiento del piquillo, un *bouquet* de ensalada, un chorrito de aceite de oliva, una cucharada de miel y las huevas de trucha.

Trucos

☞ Puedes utilizar *panko* o harina de fideos de arroz para rebozar la trucha, así obtendrás un resultado más crujiente.

En ensalada

El pescado azul, como el atún, el boquerón o la sardina, es una fuente de ácidos Omega-3, beneficiosos para regular la tensión arterial y prevenir las enfermedades cardiacas. Ponlo en tu mesa un par de veces por semana y verás qué bien te sienta.

En este capítulo aprenderás a preparar deliciosas ensaladas con pescado azul. Empezamos con el atún, a tu alcance en todas sus variedades: crudo o en conserva en aceite o en escabeche.

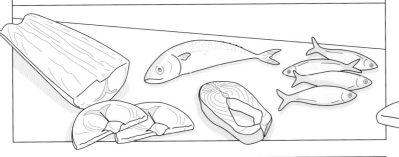

Si vas a cocinarlo, ten en cuenta que no es amigo de cocciones prolongadas, pues su carne queda reseca e insípida.

Lo ideal es comerlo crudo, cortado en finas láminas. Si el sabor te parece demasiado fuerte, puedes untarlo con salsa se soja o esparcir unas semillas de sésamo por encima.

El pescado ahumado es otro gran amigo de las ensaladas. Salmón, bacalao, anguilas...

Puedes preparar platos muy sofisticados, como la ensalada de bacalao ahumado con naranja y puerro...

... o simplemente disfrutar de tu ahumado favorito con un sencillo aderezo de tomate, cebollino o olivada.

Y recuerda que puedes adornar tus ensaladas de pescado azul con los ingredientes que más te gusten: frutos rojos, manzana, alcachofas, naranja, huevas de trucha...

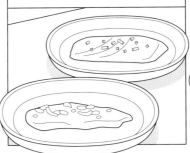

Con atún

El ingrediente

El atún es el pescado más apreciado en la cocina asiática. Solamente en Japón se capturan alrededor de 65.000 toneladas al año y aun así, el mercado asiático se ve obligado a importar atún procedente de otras industrias pesqueras para saciar la demanda. Su carne es roja, delicada, sin espinas, exquisita, y muy apreciada en crudo, pero también en conserva. De hecho el atún es, junto a las anchoas, el producto por excelencia de la industria conservera. Puedes encontrar el atún en aceite, escabeches de todo tipo o cocido al natural, y en cualquier forma es muy apreciado para la elaboración de ensaladas de todo tipo.

La técnica

El atún es un pescado que no precisa de cocción para disfrutar plenamente de sus propiedades. Al contrario, un atún demasiado cocido resulta algo seco e insípido. Por ello la manera más acertada de degustarlo es crudo, cortado en láminas muy finas y, si es del agrado del comensal, untado ligeramente en salsa de soja. Si, no obstante, prefieres un toque de fuego, puedes pasar el atún brevemente por la plancha o la sartén, pero cuidando que el centro de la pieza se mantenga crudo.

Plato a plato

Nivel **1** **Ensalada de atún en aceite.** Dale un toque novedoso a una ensalada muy clásica. El secreto es el confitado del atún.

Nivel **2** **Ensalada de atún en *sashimi* con tomate confitado.** La presentación de este plato es engañosa. Aunque parece muy complicado, en realidad es muy fácil.

Nivel **3** **Ensalada de atún semicrudo con costra de sésamo y naranja.** Un macerado muy especial le da al atún un punto delicioso que hace innecesaria la cocción al fuego.

Nivel 1 Ensalada de atún en aceite

- 400 g de atún
- 200 g de lechugas variadas
- 100 g de olivas
- 2 tomates
- 2 huevos
- 2 dientes de ajo
- 1 cebolla
- 1 cebolleta
- 1 limón
- Aceite de oliva
- Vinagre de Jerez
- Sal

- 18 min
- 10 min
- 4 €/persona
- Sin contraindicaciones.

■ Ralla la piel del limón y corta la cebolla en cuadraditos. Ponlos junto al atún en un cazo con abundante aceite de oliva, a fuego lento, durante 10-15 minutos, hasta que el atún se cueza por completo. El tiempo de cocción dependerá del grosor del lomo de atún. Deja enfriar y reserva.

■ Lava bien los tomates y la lechuga y córtalos a tu gusto. Pica la cebolleta.

■ Cuece los huevos en abundante agua hirviendo con sal durante 8 minutos. Deja que se enfríen y trocéalos.

■ Mezcla todos los ingredientes en un bol.

■ Adereza la ensalada con aceite de oliva, vinagre de Jerez y una pizca de sal.

Trucos

☞ Escurre bien el aceite del atún antes de servirlo en la ensalada. De lo contrario resultaría demasiado aceitosa.

☞ Puedes agregar un chorro de vinagre al confitado y obtener así atún en escabeche.

Nivel **2** Ensalada de atún en *sashimi* con tomate confitado

- 4 lomos de atún de 150 g cada uno
- 2 hojas de pasta filo
- 50 g de rúcula
- 50 g de canónigos
- 50 g de azúcar
- 2 tomates rojos
- 1 rama de vainilla
- 2 cucharadas soperas de reducción de vinagre balsámico
- 2 cucharadas soperas de salsa de soja
- 2 cucharadas soperas de zumo de naranja
- Huevas de trucha o sucedáneo
- Mantequilla

🍲 5 min
🍲 10 min
🍴 10 €/persona
✋ No apta para personas con intolerancia a la lactosa.

- Pela los tomates, extrae las pepitas y córtalos en gajos. Derrite el azúcar con a la vainilla abierta por la mitad en una sartén. Cuando el azúcar se disuelva, y antes de que se empiece a formar un caramelo, agrega el tomate y deja que se caramelice en el almíbar durante un par de minutos. Retíralo del fuego, deja que se enfríe y reserva.
- Corta las hojas de pasta filo en rectángulos de 4 x10 cm aproximadamente y embadúrnalas con mantequilla derretida. Hornea a 190 °C durante 3-4 minutos, hasta que quede bien dorada y crujiente. Deja que se enfríe.
- Mezcla en un recipiente la salsa de soja con el zumo de naranja.
- Corta el atún en láminas finas y báñalas 30 segundos en la mezcla de naranja y soja.
- Para emplatar, dispón primero las láminas de pasta filo. Sobre estas, el tomate caramelizado y, encima, unas hojas de rúcula y canónigo y el atún.
- Decora con la reducción de vinagre balsámico y las huevas de trucha.

Trucos
👉 Si tienes dificultades para pelar los tomates, escáldalos antes en agua hirviendo.
👉 Si quieres asegurarte que la pasta filo no se rompe al emplatar, dispón varias láminas en cada plato, una sobre otra.

Nivel **3** Ensalada de atún semicrudo con costra de sésamo y naranja

- 4 lomos de atún de 150 g cada uno
- 150 g de semillas de sésamo blanco
- 50 g de azúcar
- 2 cucharadas soperas de salsa de soja
- 2 cucharadas soperas de zumo de naranja
- 1 naranja
- 1 manzana ácida
- Aceite de oliva

- 10 min
- 5 min
- 10 €/persona
- Sin contraindicaciones.

- Pela la manzana y córtala en cuadraditos de 0,5 cm. Dispón el azúcar en una sartén y deja que empiece a formarse un caramelo. Entonces añade la manzana y deja que caramelice, salteándola durante otros 2 minutos.
- Lamina los lomos de atún sin separar del todo las láminas, así podrás trabajar con la pieza entera, sin tener que hacerlo lámina a lámina.
- Mezcla la soja con el zumo de naranja en un recipiente y deja que el atún se empape durante 30 segundos. A continuación rebózalo con las semillas de sésamo.
- Fríe el atún en una sartén o en la plancha con un chorrito de aceite de oliva. Déjalo unos 30 segundos por cada lado.
- Dispón la manzana caramelizada en el plato, sobre esta una fina rodaja de naranja y, encima, el atún. Decóralo con piel de naranja rallada.

Trucos

☞ La soja aporta sal al atún, así que es importante no excederse en el tiempo de macerado.

Con ahumados

El ingrediente

Hoy en día el pescado ahumado no es una excentricidad. Bien al contrario, está presente en la mayoría de las tiendas de alimentación. El ahumado es un método de conservación empleado desde antaño y tiene como gran virtud que impregna de un peculiar sabor a humo el pescado, realzando con ello su sabor propio. Además del clásico salmón, puedes encontrar ahumados más originales, como bacalao, caballa, sardinas, arenques, anguila...

La técnica

La gran ventaja de emplear pescado ahumado en las recetas es, además del sabor que confiere a los platos, el hecho de que no hace falta cocinarlos. Puedes usarlos directamente, pues durante el proceso de ahumado el pescado se cuece y, tal cual, se envasa y se distribuye para su consumo. Su versatilidad es amplia, y puedes usarlos para aperitivos de todo tipo, ensaladas, bocadillos y algunos platos que te presentamos a continuación.

Plato a plato

Nivel 1 **Ensalada de salmón ahumado, queso fresco y nueces.** Una sencilla propuesta con un toque final especial.

Nivel 2 **Ensalada de anguila ahumada con mollejas de pato.** Escarola, anguila y pato casan a la perfección. El caramelo de miel los aglutina sin resquebrajar los sabores.

Nivel 3 **Ensalada de bacalao ahumado con naranja y puerro confitado.** Una buena receta para adquirir práctica en confitar verduras.

1 Ensalada de salmón ahumado, queso fresco y nueces

- 200 g de salmón ahumado
- 200 g de queso fresco
- 100 g de nueces peladas
- 1 escarola
- 1 rama de eneldo
- Frutos rojos (opcional)
- Pan
- Mostaza de Dijon
- 1 limón
- Aceite de oliva
- Vinagre de Jerez
- Sal y pimienta

- 0 min
- 5 min
- 4 €/persona
- No apta para personas alérgicas a los frutos secos ni a la lactosa.

- Lava y trocea la escarola, desmenuza el queso, trocea el salmón y pica el eneldo.
- Dispón todos estos ingredientes en una ensaladera junto a las nueces, una pizca de sal y otra de pimienta.
- Sirve la ensalada y acompáñala con frutos rojos y unas tostadas de pan crujiente.
- Puedes servir esta ensalada con una vinagreta de mostaza. Para prepararla, mezcla una cucharada de mostaza de Dijon con el zumo del limón sin dejar de batir con unas varillas. Agrega poco a poco un buen chorro de aceite de oliva hasta ligar la salsa como si fuese una mayonesa. Si te ha quedado demasiado espesa, puedes añadir un chorrito de vinagre balsámico o de Jerez, mezclados con agua.

Trucos

☞ Si al prepararla se te cortase la vinagreta, procede a separar el aceite de la parte superior del recipiente y vuelve a ligarla con el zumo de otro limón. Una vez disuelto, añade nuevamente el aceite hasta que vuelva a ligar.

2 Ensalada de anguila ahumada con mollejas de pato

- 100 g de anguila ahumada
- 12 mollejas de pato confitadas
- 200 g de rúcula
- 1 cucharada sopera de miel
- 1/2 cucharada sopera de salsa de soja
- 1 naranja
- Aceite de oliva
- Sal

- 5 min
- 5 min
- 5 €/persona
- Sin contraindicaciones.

- Corta las mollejas de pato por la mitad y caliéntalas en una sartén durante un par de minutos.
- Añade entonces la miel y deja que caramelice ligeramente durante un minuto. A continuación añade la salsa de soja y retíralo del fuego. Mezcla bien las mollejas con el caramelo para que se impregnen bien de la salsa.
- Desmenuza un poco la anguila y pela la naranja, separando los gajos. Sirve la rúcula junto a la anguila y la naranja y acompáñalo de las mollejas con parte de la reducción.
- Rocía con un chorrito de aceite de oliva y una pizca de sal.

Trucos

☞ Puedes preparar esta ensalada con *magret* de pato en lugar de mollejas.

☞ Añade también alcachofas fritas, manzana, frambuesas o los ingredientes de tu agrado.

Nivel **3** Ensalada de bacalao ahumado con naranja y puerro confitado

- 100 g de bacalao ahumado
- 2 naranjas
- 2 cogollos
- 4 puerros tiernos muy pequeños
- Sardinas en aceite
- Mostaza en grano
- Aceite de oliva
- Vinagre de Jerez
- Miel
- Huevas de trucha
- Flores comestibles
- Perejil

🍲 10 min
🥘 5 min
💰 4 €/persona
✋ Sin contraindicaciones.

■ Abre los puerros por la mitad y córtalos a lo largo para obtener bastoncitos finos (8-10 cm).

■ Confítalos en un cazo con abundante aceite de oliva, a fuego medio, durante aproximadamente 6-8 minutos, hasta que queden tiernos. Déjalos sobre un papel de cocina absorbente.

■ Sirve los puerros, que pueden estar aún tibios, sobre un plato de presentación con una pizca de mostaza en grano. Dispón encima los cogollos troceados, unas láminas de bacalao ahumado y unos gajos de naranja, pelada y troceada.

■ Rocía la ensalada con un chorrito de aceite de oliva y otro de vinagre de Jerez. Añade las sardinas en aceite.

■ Sirve los lomos de bacalao sobre una cama de finas rodajas de naranja y acompáñalos con un chorrito de miel, aceite de oliva y huevas de trucha.

■ Puedes acompañar el plato con unas hojas de perejil y unos pétalos de flores comestibles.

Trucos

👉 Agrega vinagre al cazo con los puerros y obtendrás un delicioso escabeche.

👉 Aprovecha esta preparación para combinar varios pescados, blancos y azules, y también mariscos, ahumados y salazones, en escabeche o frescos.

👉 En lugar de las sardinas puedes usar caballa en escabeche o arenque en salazón.

A la plancha

El pescado azul se puede cocinar también a la plancha. Solamente ten presente que con esta cocción este tipo de pescado desprende mucho humo y olor. ¡Pon la campana extractora a tope!

El pescado azul combina muy bien con el vinagre. Puedes usar el clásico vinagre de vino, pero también vinagres aromatizados, como el de manzana o de frambuesa.

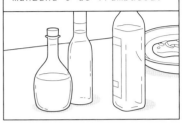

Hay dos formas de emplearlo: como líquido de maceración, por ejemplo, en los clásicos boquerones en vinagre...

... o bien preparando un sofrito que puedes verter sobre el pescado cocido a la plancha.

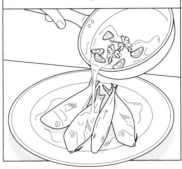

Otra buena amiga del pescado azul es la guindilla. Dispones de un amplio surtido: cayena, de Ibarra, etc.

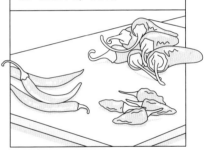

En este caso también puedes usarlas de varias maneras. Por ejemplo, simplemente sobre el pescado que vas a cocer...

... o preparando una vinagreta caliente con la que puedes regar el pescado. Sírvela si quieres en un bol aparte, para que cada cual sazone a su gusto.

Y recuerda que, con ella, puedes elaborar platos tan sofisticados como una deliciosa lasaña de arenque con cebolla confitada.

Con vinagre

El ingrediente

El vinagre es un producto de uso cotidiano que, por lo general, empleamos para aderezar todo tipo de ensaladas en combinación con aceite de oliva. Pero además, aprovechando la presencia del ácido cítrico de este producto, podemos emplearlo también para la "cocción" en frío de los alimentos, dejando que estos maceren en el vinagre. Finalmente, debes saber que este alimento contribuye a realzar el sabor de tus platos de pescado.

Existe una gran variedad de vinagres, desde los elaborados a partir de fermentos de vino (Jerez, Champagne, etc.), a los vinagres afrutados, con aroma de manzana, frambuesa...

La técnica

El ejemplo más claro de la utilización del vinagre como elemento de cocción lo encontramos en los boquerones en vinagre, donde maceramos los lomos de dicho pescado sumergiéndolos en vinagre hasta que estos se "cuecen" con el ácido cítrico. En otras culturas se emplea esta técnica utilizando elementos cítricos como la lima, la naranja o el limón; es el caso de los cebiches. Una vez cocido, es recomendable dejar reposar el pescado en aceite de oliva para suavizar el sabor y prolongar con ello el tiempo de conservación.

Plato a plato

Nivel **1 Caballa a la plancha con su sofrito.** Cuece el pescado a la plancha, prepara un sofrito con vinagre, y ya lo tienes hecho.

Nivel **2 Sardinas a la plancha con sal ahumada y fresas.** Descubre nuevos sabores casando dos alimentos que parecen no tener afinidad. El resultado es sorprendente.

Nivel **3 Salmonetes a la plancha con rosas y pistachos.** El secreto de este plato de alta cocina es la salsa, una mezcla perfecta de aromas florales y frutos secos.

Nivel **1** Caballa a la plancha con su sofrito

- 4 caballas
- 400 g de tirabeques
- 3 dientes de ajo
- 1 guindilla
- 1 manojo de perejil
- Aceite de oliva
- Vinagre
- Sal

🍲 10 min
🍽 5 min
💰 4 €/persona
✋ Sin contraindicaciones.

■ Fríe la caballa a la plancha con un chorrito de aceite de oliva y una pizca de sal, durante 4 minutos por cada lado, hasta que esté bien cocida y ligeramente dorada.

■ Pica el ajo finamente y sofríelo en una sartén con un chorro generoso de aceite de oliva virgen y la guindilla.

■ Cuando el ajo empiece a dorarse, apaga el fuego y agrega 2 cucharadas soperas de vinagre y un buen puñado de perejil picado.

■ Saltea los tirabeques en una sartén caliente con apenas aceite y una pizca de sal durante 2 minutos.

■ Sirve la caballa sobre los tirabeques y rocíala con el sofrito de ajo y guindilla.

Trucos

☞ En lugar de vinagre puedes emplear limón o lima; del mismo modo, puedes preparar este sofrito con ajo tierno en lugar de ajo seco.

☞ Acompaña este pescado con la guarnición de tu agrado: patata asada, verduras hervidas o salteadas, etc.

Nivel **2** Sardinas a la plancha con sal ahumada y fresas

- 1 kg de sardinas
- 400 g de fresas
- 50 ml de vinagre de Jerez
- 2 limas
- 1 cucharada de mostaza de Dijon
- Aceite de oliva
- Sal ahumada y pimienta

- 5 min
- 5 min
- 2 €/persona
- Sin contraindicaciones.

- Prepara las sardinas eliminando la cabeza y la tripa. Pásalas por el grifo de agua fría y retira las escamas con los dedos.
- Prepara una vinagreta. Para hacerla, disuelve la mostaza en el zumo de las limas, agrega 2-3 buenas cucharadas de aceite de oliva y salpimienta. Puedes rallar un poco de piel de lima.
- Dispón una plancha al fuego y espolvorea con una fina capa de sal ahumada. Pon encima las sardinas y agrega un chorrito de aceite de oliva. Deja que se cocinen durante 1 minuto.
- Transcurrido este tiempo, agrega el vinagre e, inmediatamente, tapa las sardinas con la tapadera de una olla. Déjalas cubiertas durante 30 segundos, retira la tapa y sírvelas acompañadas de las fresas laminadas y la vinagreta.

Trucos

☛ Puedes marinar los lomos de sardina, limpios de espina, escamas, tripa y cabeza, dejándolos cubiertos de vinagre durante media hora. Pasado ese tiempo los puedes servir directamente, sin necesidad de cocerlos.

Nivel **3** Salmonetes a la plancha con rosas y pistachos

- 1 kg de salmonetes pequeños
- 200 g de judías verdes finas o tirabeques
- 100 g de espinacas frescas
- 100 g de pistachos verdes pelados
- 2 rosas comestibles
- 2 cucharadas de miel
- 2 cucharadas de vinagre de frambuesa
- 1 cucharadita de agua de rosas
- Aceite de oliva
- Sal en escamas
- Pimienta blanca

🍲 5 min
🥘 10 min
🍴 4 €/persona
✋ No apta para personas con alergia a los frutos secos.

- Tritura en un mortero la mitad de los pistachos con el agua de rosas, un chorrito de aceite de oliva, los pétalos de rosa (reserva algunos para la presentación final), una pizca de sal gruesa, el vinagre de frambuesa, la miel y una pizca de pimienta blanca. Obtendrás así una pasta de pistacho aromatizada.
- Limpia bien los salmonetes de espinas, tripa y escamas. Cuécelos un par de minutos por cada lado en una plancha o una sartén.
- Hierve las judías ligeramente y luego saltéalas.
- Prepara los platos. En la base, dispón las judías. Pon encima unas hojas de espinaca y los pétalos reservados. Sirve los salmonetes y adereza con la pasta de pistacho.

Trucos

 Tritura la mezcla del mortero con una batidora eléctrica para obtener una pasta más lisa y homogénea. Con ella podrás hacer una "camisa" para los salmonetes y asarlos al horno durante 5 minutos.

➡

Nivel **3** Salmonetes a la plancha con rosas y pistachos

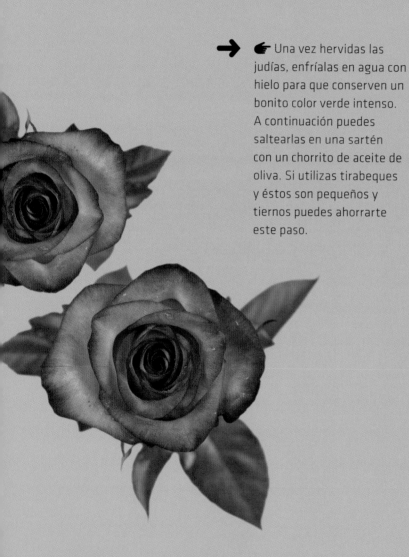

➡ ☛ Una vez hervidas las judías, enfríalas en agua con hielo para que conserven un bonito color verde intenso. A continuación puedes saltearlas en una sartén con un chorrito de aceite de oliva. Si utilizas tirabeques y éstos son pequeños y tiernos puedes ahorrarte este paso.

☛ Recuerda que las flores comestibles deben adquirirse en mercados de alimentación y tiendas especializadas, nunca en floristerías, ya que estas flores suelen estar tratadas con pesticidas y otros productos nocivos.

☛ Del mismo modo, y al igual que harías con las setas, no consumas nunca una flor de la cual no tengas suficiente información.

Con guindilla

El ingrediente

A pesar de que
tenemos a nuestra
disposición cientos de
variedades de guindillas
o chiles, no solemos
consumir muchas aparte
de las dos grandes protagonistas
de nuestras cocinas: la guindilla de
cayena, y la guindilla de Ibarra. La primera es roja, pequeña
y de un sabor muy intenso y picante, mientras que las
guindillas de Ibarra por lo general se venden en conserva
de vinagre. Podemos encontrar variedades más o menos
"dulces" o picantes, pudiendo así adaptar su exclusivo sabor
picante a nuestro capricho.

La técnica

Las guindillas de cayena deben emplearse con moderación,
pues una sola guindilla, a pesar de su pequeño tamaño, es
suficiente para levantar el sabor de un sofrito e impregnarlo
de su exclusivo sabor picante. Toma además la precaución de
lavarte bien las manos después de manipularla. La guindilla

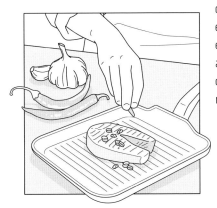

de Ibarra se puede
emplear directamente
en crudo, picándola y
agregándola al final,
cuando emplatemos
nuestra receta.

Plato a plato

Nivel **1** **Salmón rápido
a lo Bosch.** Empieza
con un básico donde el
toque especial lo pone
la guindilla.

Nivel **2** **Caballa a la
plancha con mango y lima.**
Una receta con un ligero
toque tropical. Sigue los
pasos y descubrirás una
nueva mayonesa y una
guarnición sorprendente.

Nivel **3** **Lasaña crujiente
de arenque con cebolla
confitada y escarola.** Dale
un toque sofisticado a un
pescado humilde presen-
tándolo en una elaborada
lasaña de pasta filo.

Nivel 1 Salmón rápido a lo Bosch

- 4 lomos de salmón de 200 g cada uno
- 2 guindillas
- 2 tomates
- 2 cebollas
- 1 limón
- Aceite de oliva
- Sal y pimienta

- 20 min
- 5 min
- 4 €/persona
- Sin contraindicaciones.

- Corta las cebollas en rodajas de 1 cm de grosor aproximadamente. Corta también en rodajas el tomate.
- Cuece el salmón en una plancha con una pizca de sal y un chorrito de aceite de oliva 1 minuto por cada lado, para que se forme una costra crujiente.
- Dispón en una bandeja de horno 4 rodajas de cebolla, pon encima el tomate y, sobre este, los lomos del salmón.
- Cubre el salmón con rodajas de limón muy finas, salpimienta y dispón media guindilla sobre cada lomo.
- Rocíalo con un buen chorro de aceite de oliva y asa al horno a 180 °C durante 20 minutos, hasta que el salmón esté bien cocido (pero no seco).
- Sirve el salmón recién salido del horno.

Trucos

☞ Si lo prefieres, puedes preparar un sofrito de ajo y guindilla y servirlo cuando emplates el salmón.

☞ Dispón la guarnición que más te guste, puedes cambiarla por láminas muy finas de patata, alcachofa o la verdura de tu agrado.

Nivel **2** Caballa a la plancha
con mango y lima

- 4 caballas
- 2 mangos
- 2 limas
- 1 huevo
- 2 cucharadas de miel
- 2-3 guindillas de Ibarra dulces
- Aceite de oliva
- Sal y pimienta

- 10 min
- 5 min
- 2 €/persona
- No apta para personas con intolerancia al huevo.

- Corta el mango y las guindillas en cuadraditos de 0,5 cm y saltéalos con un chorrito de aceite de oliva. Cuando empiecen a dorarse, agrega la miel y deja que se caramelicen ligeramente. Retira entonces el mango y la guindilla sobre un colador y reserva.

- Limpia los lomos de caballa y fríelos durante un par de minutos a la plancha hasta que la carne quede bien dorada y cocida. Reserva.

- En el vaso de la batidora tritura el huevo vertiendo aceite de oliva de forma paulatina hasta formar una mayonesa. Salpimienta y agrega el zumo de dos limas, hasta obtener una salsa de lima ligera.

- Sirve la caballa sobre el mango y las guindillas, salpimienta y acompaña con la salsa de lima. En el instante de servirlo puedes rallar la piel de las limas sobre los platos.

Trucos

☞ Lo ideal es usar para la mayonesa el zumo de las dos limas, así la salsa no quedará ni demasiado ligera ni demasiado espesa.

☞ Si lo prefieres puedes cocer los lomos de caballa en el zumo de lima. Para ello, dispón el zumo en una sartén amplia y baña los lomos en él. Llévalos al fuego con la sartén tapada, durante 2-3 minutos. La caballa se cocerá con el vapor de lima, lo cual es una forma muy fresca de degustarla.

Nivel **3** Lasaña crujiente de arenque con cebolla confitada y escarola

- 12 arenques
- 500 g de escalonias
- 1 paquete de pasta filo
- 1 rama de tomillo
- 1 ramita de romero
- 1 escarola
- 1 guindilla de cayena
- 2 cucharadas de azúcar
- 200 ml de vino tinto
- Huevas de trucha
- Mantequilla
- Aceite de oliva
- Sal y pimienta

🍲 30 min
🥘 10 min
🍲 4 €/persona
✋ No apto para personas con intolerancia a la lactosa.

■ Estira hojas de pasta filo sobre la mesa de trabajo y corta rectángulos de 4 x 10 cm aproximadamente.

■ Derrite una nuez de mantequilla y pinta con ella las hojas. Hornéalas a 190 °C durante 3-4 minutos, hasta que queden doradas y crujientes. Sácalas del horno y deja que se enfríen.

■ Corta las cebollas en juliana y rehógalas en un cazo o una sartén con un chorrito de aceite de oliva, la guindilla, el tomillo y el romero. Cuando empiece a dorarse, agrega el azúcar y deja que caramelice ligeramente, vierte entonces el vino tinto y deja cocer hasta que el vino se evapore por completo. Las cebollas quedarán caramelizadas y aromatizadas. Retira las hierbas aromáticas.

■ Lava los arenques y retira las escamas y las espinas. Fríelos un par de minutos en una plancha con un chorrito de aceite de oliva.

■ Monta una lasaña alternando hojas de pasta filo con la cebolla caramelizada. Forma 4 pisos y, sobre la última hoja, sirve los arenques, unas hojas de escarola y una cucharadita de huevas de trucha. Salpimienta y sirve de inmediato.

Trucos

👉 Si no tienes escalunias utiliza cebolleta tierna o cebolla roja, más dulce.

👉 Puedes preparar una sola capa de pasta filo, cebolla y arenque, y servir esta coca como un aperitivo.

Marinado

Los salazones de pescado azul son variados y muy sabrosos: anchoas, sardinas, arenques, atún o mújol son los más comunes.

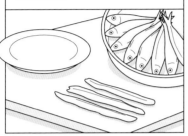

Para trabajar con este tipo de alimento, lo primero que tienes que hacer es poner el salazón bajo el chorro de agua fría para eliminar la sal.

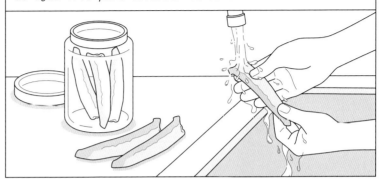

Otra forma de rebajar el sabor salado es bañarlo un buen rato en aceite.

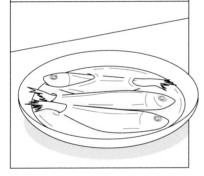

Con los salazones puedes preparar todo tipo de bocados: cocas, focaccias...

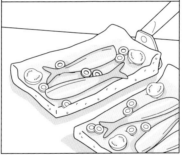

Otra forma de conservación del pescado azul son los marinados. Puedes encontrar variedades como los escabeches...

... los cebiches, elaborados a base de frutas cítricas como el limón o la lima...

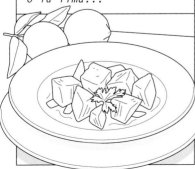

... o los adobos, preparados con vinagre, especias y hierbas aromáticas.

Además, te enseñaremos a usar todo tipo de guarniciones para acompañar estas suculencias: setas, gambas, vieiras, nueces...

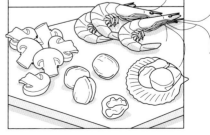

Salazones

El ingrediente

El salazón es un método de conservación por el cual "salamos" o curamos los ingredientes deseados para su posterior utilización, igual que se procede en la elaboración del jamón. En el caso del pescado, es frecuente emplear esta técnica de conservación para aplicarla a anchoas, sardinas, arenques, atún (mojama), y también a huevas de rape o mújol.

La técnica

Cuando quieras utilizar los pescados en salazón para cocinar debes lavar bien la sal bajo el chorro de agua fría. Luego puedes degustar el pescado directamente, puesto que dicha curación lo habrá "cocinado". Otra opción consiste en bañarlo en aceite para rebajar el sabor salado. No obstante, hay muchos cocineros que emplean los salazones como un ingrediente más en sus preparaciones. Si lo haces así debes ir con cuidado con la sal, pues este ingrediente ya aportará sabor salado al plato.

Plato a plato

Nivel **1 Coca de atún en mojama.** Elabora un delicioso entrante lleno de color y con el sabor acentuado del atún.

Nivel **2 Sardinas en salazón con fruta.** Una combinación estraña pero muy resultona. Con poco trabajo obtendrás resultados sorprendentes.

Nivel **3 *Focaccia* de olivas, tomate en aceite y arenque al salazón.** Elabora tú mismo la pasta para la *focaccia* y enriquécela con tres ingredientes muy mediterráneos.

Nivel **1** Coca de atún en mojama

- 100 g de mojama
- 100 g de tomate seco en aceite
- 100 g de mezclum
- 100 g de olivas negras de Aragón sin hueso
- 1 rama de orégano
- 1 barra de pan
- Aceite de oliva

🍲 10 min
🔔 5 min
🐷 6 €/persona
✋ Sin contraindicaciones.

- Corta el pan en trozos de 15 cm y congélalos durante 1 hora. Pasado este tiempo corta finas láminas alargadas y hornéalas a 190 °C durante 4-5 minutos, hasta que queden doradas y crujientes. Deja que se enfríen y resérvalas.
- Corta la mojama en finas lonchas, como si fuera jamón.
- Sirve sobre la coca el tomate seco picado muy fino, pon encima unas hojas de mezclum y dispón encima la mojama y las olivas.
- Rocíalo todo con un chorrito de aceite de oliva y espolvorea con el orégano bien picado.

Trucos
👉 Si no tienes pan puedes elaborar tus cocas con pasta filo, o incluso con masa de hojaldre.

Nivel **2** Sardinas en salazón con fruta

- 600 g de sardinas en salazón
- 100 g de fresas
- 1 escarola
- 1 mango
- 1 bandeja de frutos rojos
- 2 naranjas
- 2 limas
- 3 cucharadas de aceite de oliva
- 1 cucharada de caramelo líquido de vinagre balsámico
- Sal y pimienta

- 30 min (maceración)
- 5 min
- 5 €/persona
- Sin contraindicaciones.

- Elimina la cabeza y espinas de las sardinas y lávalas con agua fría para eliminar el salazón.
- Déjalas reposar durante 30 minutos en una mezcla de zumo de naranja y lima.
- Transcurrido este tiempo, saca las sardinas de la mezcla y déjalas reposar otros 10 minutos en aceite de oliva.
- Trocea la fruta a tu gusto y disponla en los platos. Sirve también unas hojas de escarola y las sardinas y rocíalo con una mezcla de aceite de oliva y caramelo líquido de vinagre balsámico. Salpimienta y sirve de inmediato.

Trucos

☛ También puedes preparar esta receta con sardinas frescas, anchoas o caballa. Puedes variar las frutas en función de la temporada.

Nivel 3 *Focaccia* de olivas, tomate en aceite y arenque al salazón

- 500 g de harina
- 20 g de levadura prensada de panadero
- 4 cebollas
- 4 arenques
- 2 bandejas de tomates cherry
- 100 g de olivas sin hueso
- 1 manojo de orégano
- Vinagre balsámico
- Aceite de oliva
- Sal

- 20 min
- 45 min
- 5 €/persona
- Sin contraindicaciones.

- Disuelve la levadura en medio vaso de agua tibia y reserva. Corta la cebolla en juliana y sofríela con un chorrito de aceite de oliva.
- En una mesa de trabajo bien limpia prepara un montículo con 300 g de harina, forma un surco en el centro, agrega la levadura y, al mismo tiempo, un vaso de agua. Añade también un buen chorro de aceite de oliva y una pizca de sal.
- Trabaja la masa mezclando bien los ingredientes hasta obtener un puré espeso, homogéneo y sin grumos. Agrega entonces el resto de la harina poco a poco y sin dejar de trabajar la preparación hasta obtener una masa elástica y lisa.
- En este punto se pueden añadir los ingredientes que se deseen. En este caso, la cebolla, los tomates, las olivas troceadas y el orégano finamente picado.
- Mézclalo todo bien para que los ingredientes se incorporen a la masa, estírala en una bandeja de horno, cúbrela con un paño húmedo y déjala reposar durante 1 hora en un lugar cálido (sobre el horno o cerca de una estufa).
- Transcurrido este tiempo quita el paño con cuidado y pinta la superficie de la *focaccia* con una mezcla, a partes iguales, de vinagre y aceite de oliva. Espolvorea con orégano y sal y hornea durante 30 minutos a 190 °C.
- Deja que se enfríe y córtala en trozos. Sírvela con los lomos de arenque en salazón.

Trucos

☞ Lava los arenques con agua para eliminar el salazón y déjalos reposar media hora en aceite de oliva antes de servirlos.

Marinados

El ingrediente

Al igual que ocurre con los ahumados y los salazones, las marinadas son un método de conservación que nos permite degustar nuestros pescados durante más días, alargando su tiempo de caducidad. Las marinadas pueden ser muy variadas: a base de vinagre, como los escabeches; de cítricos, como los cebiches, o de aceites y especias, como los adobos.

La técnica

Marinar un ingrediente, en este caso el pescado, consiste en sumergir o bañar el mismo en la mezcla deseada, para cocerlo en dicha solución, o adobarlo para, simplemente, alargar su tiempo de conservación y conferirle el sabor de las especias empleadas. En el caso del salmón, uno de los clásicos que podemos encontrar en nuestros mercados, la técnica de marinado es muy sencilla y podemos prepararla nosotros mismos. Basta con cubrir el salmón con una mezcla a partes iguales de azúcar y sal gruesa y dejarlo de 24 a 36 horas. Puedes aromatizarlo con eneldo o la hierba o especia que más te guste. Transcurrido este tiempo basta con retirar el salmón de la mezcla y cortarlo al gusto.

Plato a plato

Nivel 1 Tostada de salmón marinado al eneldo. Prepara tú mismo unos deliciosos blinis para servir el salmón aromatizado con queso.

Nivel 2 Anchoas en vinagre con *carpaccio* de vieiras y gambas. Un plato fresco y ligero con todo el sabor del mar.

Nivel 3 Caballa en escabeche con setas y verduras tiernas. Atrévete con un escabeche; verás que es más sencillo de lo que te imaginas.

Nivel **1** Tostada de salmón marinado al eneldo

- 200 g de salmón marinado
- 300 g de harina
- 200 g de queso fresco tipo Philadelphia
- 30 g de nueces peladas
- 2 sobres de levadura
- 3 cucharadas de mantequilla
- 1 cucharadita de azúcar
- 350 ml de leche
- 50 ml de nata líquida
- 1 huevo
- 1 rama de eneldo
- Sal

- 5 min
- 5 min
- 6 €/persona
- No apta para personas con alergia a los frutos secos ni a la lactosa.

■ Dispón la harina, la levadura, la sal y el azúcar en un recipiente. Agrega el huevo y la leche y mezcla bien (puedes utiliza una batidora eléctrica). Deberás obtener una crema espesa, lisa y homogénea.

■ Prepara los blinis. En una sartén derrite una nuez de mantequilla y vierte una cucharadita de masa. Deja que se cueza un minuto por cada lado. Haz lo mismo hasta acabar la pasta.

■ Monta el queso fresco con la nata y agrega las nueces picadas y el eneldo picado finamente. Sirve una cucharadita de queso aromatizado sobre cada blini y acompaña con una fina loncha de salmón marinado. Decora con una hojita de eneldo.

Trucos

☛ Si no quieres preparar los blinis, puedes comprarlos ya listos o sustituirlos por una tostada o una galleta salada.

Nivel **2** Anchoas en vinagre con *carpaccio* de vieiras y gambas

- 300 g de anchoas
- 200 ml de vinagre de vino blanco
- 8 gambas rojas
- 4 vieiras frescas
- 1 diente de ajo
- Perejil
- Aceite de oliva
- Sal y pimienta

🍲 2 h 30 min (marinado)
🍽 10 min
💰 10 €/persona
✋ No apto para personas con intolerancia a la lactosa.

- Lava las anchoas y retírales la cabeza y las espinas. Deja reposar los lomos durante al menos 2 horas en el vinagre. En este tiempo las anchoas deben "blanquearse".
- Retira las anchoas del vinagre y déjalas reposar en un recipiente cubiertas con aceite de oliva y el ajo y el perejil picados.
- Unta con aceite una hoja de papel de horno y dispón las gambas peladas y abiertas por la mitad formando un cuadrado. Cúbrelas con otra hoja de papel de horno, también untada, y golpea las gambas delicadamente hasta aplastarlas. Así tendrás un *carpaccio*.
- Déjalo en el congelador una media hora.
- Corta las vieiras en finos medallones y disponlos en un plato de presentación.
- Saca el *carpaccio* del congelador, retira con delicadeza el papel de horno y sírvelo con las vieiras. Finalmente, acompáñalo con las anchoas. Salpimienta y rocía con un chorrito de aceite de oliva.

Trucos

👉 Para obtener unas anchoas más blancas y firmes, déjalas reposar durante media hora en agua con hielo y sal antes de marinarlas en el vinagre.

Nivel **3** Caballa en escabeche con setas y verduras tiernas

- 2 caballas medianas
- 200 g de setas de temporada
- 1 cebolla
- 1 puerro
- 1 zanahoria
- 1 hoja de laurel
- 1 manojo de puntas de espárragos trigueros
- 2 dientes de ajo
- Aceite de oliva
- Vinagre de Jerez
- Sal y pimienta en grano

- 20 min
- 5 min
- 6 €/personas
- Sin contraindicaciones.

- Lava las caballas bajo el chorro de agua fría y límpialas de espinas, tripas y cabeza. Lava también las setas retirando la tierra y las hojas.
- Rehoga la cebolla, el puerro, la zanahoria y el ajo cortados en láminas, medallones o rodajas en abundante aceite de oliva.
- Añade el laurel, unas bolitas de pimienta y deja confitar hasta que la verdura se ablande.
- Añade entonces las setas y los espárragos y déjalo cocer otros 5 minutos.
- Transcurrido este tiempo, añade los lomos de caballa y agrega entonces medio vaso de vinagre. Apaga el fuego y cubre la sartén para que el pescado termine de cocerse con el calor residual.
- Deja enfriar antes de servir. Puedes presentar la caballa con las setas frías o tibias.

Trucos

☞ Puedes aromatizar tu escabeche con una ramita de tomillo o romero. Agrega también unas rodajas de lima o naranja para dar un sabor más fresco.

Índices de recetas

ÍNDICE POR ORDEN DE APARICIÓN

ÍNDICE POR NIVEL DE DIFICULTAD

ÍNDICE POR TIPO DE PESCADO